郑州市名镇志文化工程

汜水镇志

郑州市地方史志编纂委员会 主办

郑州市地方史志办公室 编著

中国水利水电出版社
www.waterpub.com.cn
·北京·

图书在版编目（CIP）数据

汜水镇志 / 郑州市地方史志办公室编著. -- 北京 : 中国水利水电出版社, 2020.12
（郑州市名镇志文化工程）
ISBN 978-7-5170-9130-1

Ⅰ. ①汜… Ⅱ. ①郑… Ⅲ. ①村史－郑州 Ⅳ. ①K296.15

中国版本图书馆CIP数据核字(2020)第247055号

审图号：豫郑S〔2020年〕007号

总 策 划：营幼峰　王厚军
选题策划：马爱梅　宋建娜　李慧君
责任编辑：戴甫青

	郑州市名镇志文化工程
书　名	汜水镇志
	SISHUI ZHEN ZHI
作　者	郑州市地方史志办公室　编著
出版发行	中国水利水电出版社
	（北京市海淀区玉渊潭南路1号D座　100038）
	网址: www.waterpub.com.cn
	E-mail: sales@waterpub.com.cn
	电话:（010）68367658（营销中心）
经　售	北京科水图书销售中心（零售）
	电话:（010）88383994、63202643、68545874
	全国各地新华书店和相关出版物销售网点
排　版	北京金五环出版服务有限公司
印　刷	北京印匠彩色印刷有限公司
规　格	184mm×260mm　16开本　14.5印张　256千字
版　次	2020年12月第1版　2020年12月第1次印刷
定　价	98.00元

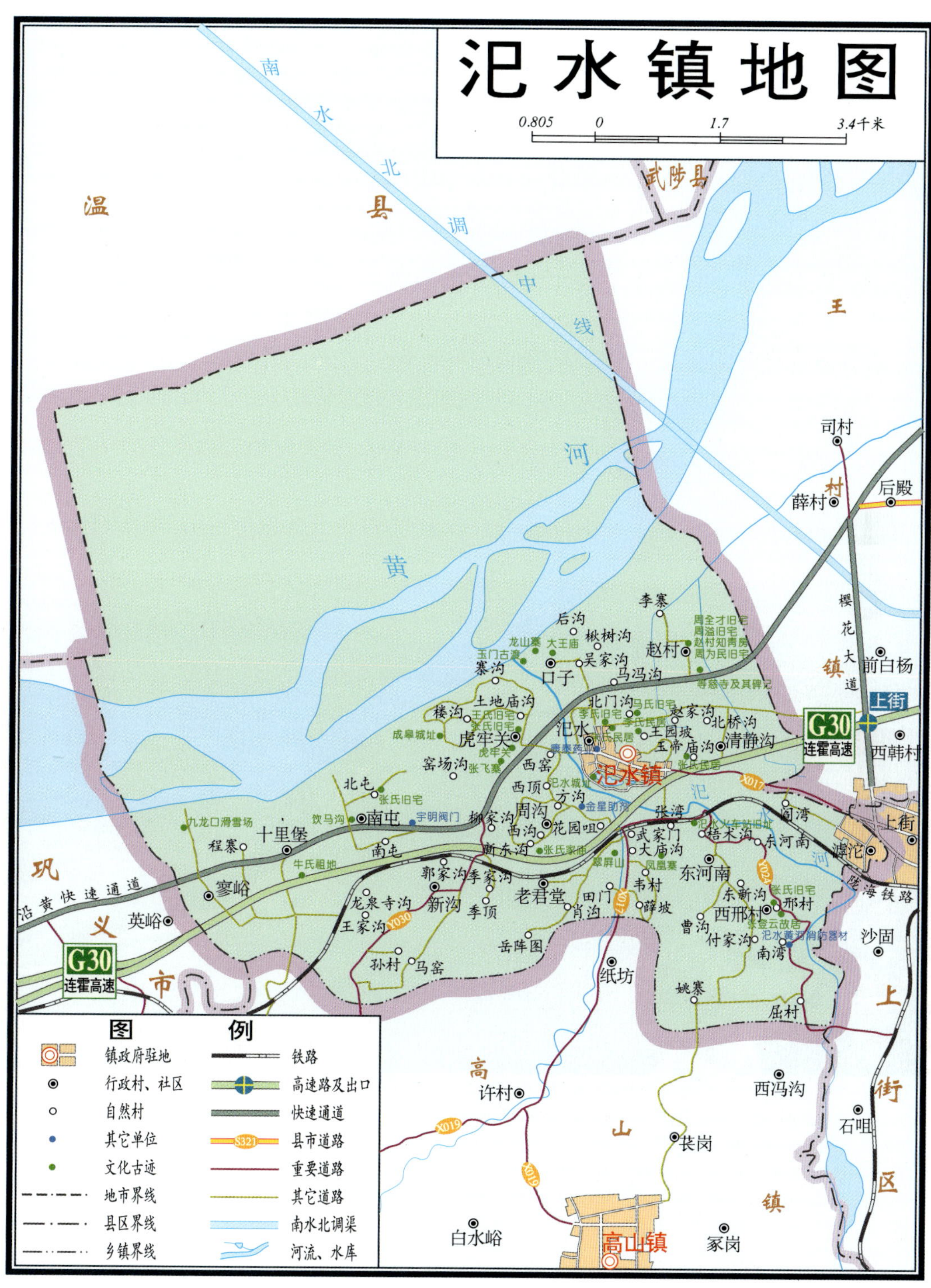

（注：图内行政界线不作为实际划界依据）

氾水镇俯瞰　马健　摄

大伾山　马健　摄

玉门古渡　石保定　摄

虎牢关　马健　摄

黄河　马健　摄

郑州市名镇志、名村志、名街志编纂委员会

主　　任　孙晓红

副 主 任　柴　丹　朱　军

委　　员（按姓氏笔画排序）

于　珊　王丹东　任　莉　刘长春　刘军杰　杨　洋

杨　洁　张建锋　陈　军　林　海　虎荣鑫　周建超

屈连武　赵敏祥　胡光程　胡旭洲　康红阳　梁豫生

主　　编　朱　军

副 主 编　刘长春

编　　委　路培育　李　磊　袁玉强　王西林　刘　琴　冉　宁

向天燕　王佰顺　刘　伟　刘华东　吴　边　王东亮

编　　辑　刘　恒　李　靖　王　丹

学术顾问（按姓氏笔画排序）

丁　昆　王保国　刘　杰　安海蓉　孙英民　李运江

李伯谦　张　永　张万钧　张绍宇　杭　侃　郑东军

封曙光　胡惠林　顾　华　徐建勋　阎铁成　韩国河

魏　剑

《汜水镇志》编纂委员会

序

2018年以来，郑州市地方史志办公室（以下简称“市史志办”）认真学习贯彻落实习近平总书记关于加强修史修志工作重要论述精神，在中国地方志指导小组办公室河南省地方史志办公室的指导、支持下，围绕服务郑州国家中心城市大局，提高政治站位，推进创新发展，以郑州市名镇志、名村志、名街志文化工程为抓手，积极探索基层志书编纂体制机制创新的有效途径，努力打造新时代精品佳志。市史志办相继完成了35部乡镇志、村志和街道志的编纂出版工作。这是郑州市坚持以习近平新时代中国特色社会主义思想为指引，贯彻落实《全国地方志事业发展规划纲要（2015—2020）》要求，推动地方志事业高质量发展、发挥存史资政育人职能作用的一项重要成果。市史志办的主要做法是：

坚持正确导向，突出时代主题。市史志办在镇志、村志、街道志编纂中，力求全面、客观反映党史、新中国史、改革开放史、社会主义发展史在郑州的辉煌业绩，记录郑州从一座古老的城市发展成为国家中心城市的历史进程，阐释中华文明、中原文化在郑州这座城市的文明形态起源、嬗变和现代转型。聚焦黄河文化、商都文化、黄帝文化、河洛文化、嵩山文化和二七精神等重要的城市文化名片，市史志办组织编纂了管城区《东大街街道志》《西大街街道志》《城东路街道志》，二七区《德化街道志》，金水区《杜岭街道志》，上街区《峡窝镇志》《方顶村志》，巩义市《回郭镇志》《大峪沟镇志》《康店镇志》《河洛镇志》《站街镇志》《小关镇志》《米河镇志》《涉村镇志》《海上桥村志》，新郑市《孟庄镇志》《新建路街道志》，荥阳市《汜水镇志》，惠济区《古荥镇志》，中牟县《雁鸣湖镇志》，新密市《刘寨镇志》，登封市《告成镇志》等基层志书。市史志办尝试从方志学的角度描述、分析这些文化的历史演进，宏大叙事与微观剖析并重，讲述方志故事，凝聚城市精神，发现并彰显这些深藏在街道社区、乡村田野里的城市文化根脉。

坚持质量标准，规范编纂流程。我们认真贯彻落实《郑州市地方志工作规定》要求，明确各级地方志工作机构与编纂单位分工负责，针对每部志稿都成立了专门编纂机构，专班推进，形成了一级抓一级、层层抓落实，踏石留印、抓铁有痕的工作格局。遵循地方史志工作的基本原则，把质量视作名镇名村名街志编纂的生命线，对每部志书严把政治观、史实关、体例关、文字关、出版关和印刷关。为提高编纂专业水平，市史志办邀请中国地方志指导小组办公室、河南省地方史志办公室指导工作，并与国内知名高校合作，采取集中培训、案例教学等形式，面向修志业务人员，结合实际答疑解惑，较好地统一了修志原则和基本规范。同时，市史志办与中国水利水电出版社紧密协作，按照中国名镇志、名村志、名街志文化工程的质量标准，开展全方位深度合作，搭建专业服务平台，合力推进精品工程建设。

拓展方志视野，创新编纂方式。市史志办积极适应进入“读图时代”的现代读者需求，在锤炼文字表达的同时，特别突出了“图像存史”的作用。市史志办与河南省美术家协会合作，组织一批在省内乃至全国有影响的优秀画家，深入基层开展采风创作，用画笔描绘郑州美丽乡村和城市现代街区风貌。市史志办要求编纂单位注意对优秀美术作品的资料收集，如巩义籍著名画家陈天然、徐小龙等长年扎根农村基层，创作出一批表现浓郁乡土风情的优秀美术作品，许多作品收录入相关志书，成为熠熠生辉的亮点。中共郑州市委宣传部外宣办，河南日报新闻图片有限公司，郑州日报社及市、县（市）区摄影家协会等单位和许多优秀、敬业的摄影家，为市史志办提供、创作了大批精彩的摄影作品，与志书篇章结构和语言文字同步配合，形成了一个全新的图像叙事语言体系。这已不是简单的配图、插图、图文并茂，而是把图像证史、存史放在了编纂方式创新的维度上来考量其价值与意义。

提高学术品质，丰富志书内涵。市史志办借鉴人文地理学和社会学的调查研究方法，在中原区委、区政府的支持下，组织编纂了该区《西流湖街道志》《中原西路街道志》《桐柏路街道志》《三官庙街道志》《棉纺路街道志》《绿东村街道志》《林山寨街道志》《汝河路街道志》《航海西路街道志》《须水街道志》《秦岭路街道志》《建设路街道志》12部街道志，对一个行政建置区域的政治、经济、文化、社会、生态建设状况，特别对自中华人民共和国成立以来各个历史时期的发展做了全方位的较完整记述。这些街道志组成了一个美丽的“方志拼图”，从中可以清晰地看到中原区从一个传统的城郊农业区，在中华人民共和国成立初期形成郑州市的市级行政中心、文化中心和现代工业区，改革开放以来经过国企改革的华丽“蝶变”转型升级为现代化宜居宜业新城区的时空轨迹。市史志办与郑州大学建筑学院合作，开展传统村落与民居保护和城市街区建筑文化专项调查，形成了一批研究成果并在编纂中予以重点展示。郑州市是中华文明探源工程、夏商周断代工程等考古研究的重点区域，拥有世界文化遗产登封“天地之中”历史建筑群和诸多国家重点文物保护单位，各类历史文化遗迹俯拾即是。在文物部门的大力支持下，市史志办在相关志书编纂中，注意收录考古最新发现及研究成果，以丰富志书编纂的文化内涵。

坚持统筹规划，分层扎实推进。市史志办坚持依法治志的基本原则，依法推进各项编纂组织管理工作。一是建章立制，科学管理。结合编纂实际，理顺管理体制和运行机制，明确了市、县、乡、村在志书编纂中的各级权责，分级负责与属地管理有机结合，最大限度地形成合力、统筹推进。市史志办把这项工作作为一项硬任务，年初及时向市委市政府报告列入年度工作计划、列入财政预算，并与各县（市）区协商制订工作计划，按节点有序推进。二是统一规划，明确目标。市史志办要求各县（市）区本着精品至上、宁缺毋滥的原则确定选题规划，突出“名”和“特”，建立编纂项目库，集中力量，抓出精品，锻炼队伍，探索经验。三是分类指导，有的放矢。根据各县（市）区申报的选题计划，市史志办进行实地考察和逐一分析，建立选题库，原则上每年规划指导编纂 10 部，出版 5 部志书。在整体过程中，实施有效的分类管理，进度服从质量，不搞“一刀切”，因地制宜，精准发力，推动这项工作积极稳妥、健康有序开展。四是重点突破，严把关口。市史志办以出版为时间节点，倒排工期，提出每部志书要认真把好四个关口：首先，每部志书的承编单位要严格按照既定的编纂体例完成初稿，做到篇目完整、材料充分。其次，各县（市）区史志工作机构要组织相关部门召开评审会，重点把好政治关、史实关，确保在民族、宗教、保密等重大问题上不出偏差，在内容材料上客观真实、准确无误。第三，由市史志办协同组织出版社、承编单位和专家学者，对稿件进行集中修改审定，群策群力，解决每部志书在内容、体例、语言等方面存在的问题，基本完成定稿。第四，出版社按照所签订的合作协议，编辑出版关口前移，签订协议后，提前介入每部志书的具体编纂指导、审定等工作，确保出版进度和质量。

坚持深入调研，解决实际问题。在地方志事业转型升级创新发展的进程中，转变思想观念、转变发展方式是全面的、深层次的变革。在推进名镇志、名村志、名街志文化工程工作中，市史志办深感地方志工作“一纳入、八到位”不能仅停留在一般性的“纳入”和“到位”上，应该以问题为导向，深入调查研究，切实解决党委政府重视支持、人力财力保障等基层反映强烈的实际问题。一是积极争取各级党委政府支持。名镇志、名村志、名街志的编纂主体是市县乡各级党委政府及其地方史志管理工作机构，是“官修”而非私修。因此，编纂名镇志、名村志、名街志是在各级党委政府领导和支持下、由各级地方史志工作机构负责牵头组织开展的。市史志办在调研中深刻体会到，名镇志、名村志、名街志的编纂过程既是一个部门的业务推进，也是向各级党委政府汇报地方史志工作转型升级创新发展的形势任务、争取更大支持，解决实际问题的工作契机。二是切实解决好钱从哪里来。名镇志、名村志、名街志文化工程是郑州市组织推进的一项重点文化项目，市史志办明确不向乡镇村基层摊派经费增加负担，按照财政分级管理的原则，积极向市政府和财政部门争取项目专项资金，解决编纂出版印刷等各项工作中的费用。各县（市）区负责组织编纂志书初稿的费用，经郑州市地方史志办公室审定、出版社认可达到编辑出版要求，之后的费用由郑州市地方史志办公室负责申请市财政审核拨付。对名镇志、名村志、名街志编纂出版试行项目化资金管理，明确资金来源，严格预算管理，有助于形成一级抓一级、层层抓落实的长效工作机制。三是形成合力众手成志。把名镇志、名村志、名街志打造成为堪存堪鉴的精品志书，仅靠现有的史志工作机构是难以实现的。目前，我们面临的困难是多方面的，既有青黄不接、人才短缺，也有研究不足、经验匮乏。一些社会力量参与到基层志书、年鉴的编纂工作中，存在着政治站位不高、政策把握不准、水平参差不齐等问题。但是，市史志办在调研中也看到，社会各界对参与编修名镇志、名村志、名街志有较高的积极性、主动性，许多基层村镇表示愿意借助这项工作打造文化品牌，推动当地经济社会发展。因此，在今后编纂工作中，要坚持从凝聚共识入手，着力形成团结一致、高效运转的强大合力，构建优势互补、复合型、专业化的新型协作体系。

以上是市史志办在郑州市名镇志、名村志、名街志文化工程中的一些尝试，不足之处敬请批评指正，以便在今后工作中认真加以改进。

郑州市地方史志办公室

2020 年 10 月

凡例

一、指导思想　以马克思列宁主义、毛泽东思想、邓小平理论、“三个代表”重要思想、科学发展观、习近平新时代中国特色社会主义思想为指导，坚持辩证唯物主义和历史唯物主义的立场、观点和方法，存真求实，全面、客观、系统记述中国名镇城镇化进程和改革开放成果，传承和抢救乡土历史文化，激发爱国爱乡情怀，留住乡愁，为探索中国特色新型城镇化建设、服务乡村振兴战略提供历史智慧和现实借鉴。

二、质量要求　参照中国地方志指导小组印发的《地方志书质量规定》执行。在坚持志体的前提下，体裁运用、篇目设置、资料选择等作适当创新。内容以记载镇域范围内的微观资料为主，详市县志之所略。根据不同类型名镇的特点，记述域内自然、政治、经济、文化、社会的历史与现状，重在突出当地“名”与“特”的内涵，从而达到执简驭繁、文约事丰、易于阅读、利于普及的目的。

三、时间断限　为全面反映入志事物发展脉络，各志上限追溯至事物发端，下限一般断至各镇志启动编修年份，个别重大事项可延至搁笔。详今明古，着重反映时代特色和地方特点，重点体现各镇的“名”与“特”。

四、记述范围　记述地域范围以下限年份的行政辖区为主。为体现名镇在更大区域内的意义，可以从更开阔的区域视野记述与该镇相关的内容。

五、总体结构　统一采用纲目体，设类目、分目、条目三个层次。横排门类，纵述史实。所设类目除《中国名镇志丛书基本篇目》要求的必设内容外，个别事项根据本镇实际情况适当作升格或降格处理。

六、体裁形式　综合运用述、记、志、传、图、表、录等各种体裁，以志体为主。体裁运用适当创新，篇目设置不求面面俱到，一般意义上的乡镇级内容可简略记述。

七、语言文体　除引用文字和附录文献资料外，统一使用规范的现代语体文记述，行文力求朴实、严谨、简洁、流畅，具有较强可读性。

八、人物载录　人物类目设人物传略、名人与 ×× 镇、人物表录等分目。人物传略遵循“生不立传”原则，选录对本镇发展有重大影响者，按生年排序。名人与 ×× 镇记述在政治、经济、文化、社会等方面有重大影响的著名人物（政治家、艺术家等）在本镇的活动历史片段。同时，在其他类目中采用以事系人的方式介绍人物。

九、图照表格　志中随文配图，图下设文字说明，图文并茂。表格统一编排序号。

十、数据　各项数据一般采用国家统计部门数据。数据缺乏的，采用主管部门或主办单位正式提供的数据。

十一、计量单位　采用国务院 1984 年 2 月发布的中华人民共和国法定计量单位。历史上使用的计量单位，如斗、石、里、尺、磅、华氏度等，在引文时照录，并以类目为单位首次出现时应加注。

十二、纪年　中华民国成立前的纪年，使用朝代年号纪年，括注公元年份；中华民国成立后的纪年，均使用公元纪年。志中所称“解放前（后）”，以该镇解放日为界；“新中国成立前（后）”，以中华人民共和国成立日 1949 年 10 月 1 日为界；“改革开放前（后）”，以 1978 年 12 月中共十一届三中全会召开为界。“×× 年代”，凡未加世纪者，均指 20 世纪。

十三、称谓　记事概以第三人称记述。人名直书其姓名，必要时冠以职务职称。地名以现行标准地名为准。如使用历史地名，于首次出现时括注现行地名。各个历史时期的党派、团体、组织、机构、职务等均以当时名称为准。对于称谓过长而又频繁使用者，于首次出现时使用全称并同时括注简称，之后使用简称。

十四、数字、标点　遵循国家标准和出版规定，志中数字书写以 GB/T 15835—2011《出版物上数字用法》为准，使用标点符号以 GB/T 15834—2011《标点符号用法》为准。

十五、注释　行文中的注释，一律采用页下注；附载文章于篇后注明资料来源。

十六、本凡例对于各镇志编纂中的未尽事宜，在“编纂始末”中予以说明。

目　录

概述

汜水镇区　李新华　摄

汜水镇距郑州市区30千米，距荥阳市区17千米，总面积58.2平方千米，辖14个行政村，105个村民组，2.8万人，是中州名镇、河南省历史文化名镇、河南省园林乡镇、河南省改革发展建设综合试点镇、河南省卫生乡镇。

一

汜水镇为荥阳西部门户，南瞻嵩岳，北临黄河，东临上街，西拥虎牢，中有汜水河，山川秀美壮丽。总的地势为东南、西北高，中间低，近似盆地，整体属于浅山丘陵区。

汜水镇地处荥阳市、巩义市、上街区三地交界处，交通区位优势突出。连霍高速、陇海铁路和沿黄快速通道贯穿全境，形成了四通八达的交通网络。

汜水镇因汜水河穿境而过而得名，历史悠久，文化厚重。仰韶文化时期已有人类活动，域内现存仰韶文化遗存新沟遗址、清静沟遗址、翠屏山遗址等。秦设虎牢关，汉置成皋县。南北朝时期为府、州、郡、县行政驻地。汜水是历史上的军事重镇，形势险要，控制着进

连霍高速路和陇海铁路穿境而过　马健　摄

成皋城址　马健　摄

出洛阳、郑州、开封的交通咽喉。《史记》载：“绝成皋之口，天下不通。”虎牢天险，号为雄镇。自秦置关，作为关塞的时间长达两千余年，秦末刘邦、项羽成皋之战，隋末李世民、窦建德武牢之战等重大战役均在汜水发生，这里被称为“豫州腹心之地，古今冲要之区”。

二

汜水镇农耕条件优越，宜耕宜养，物产丰饶。中华人民共和国成立以后，尤其是改革开放以来，汜水镇大力发展农业生产，农作物产量逐年增长。进入 21 世纪，汜水镇大力发展高效林果种植业、特色畜牧养殖业、休闲观光农业，不断增加农民收入。2019 年，粮食总产量达到 1.46 万吨、农业总产值 20538 万元。

小麦种植　宋建峰　摄

宇明阀门集团有限公司生产车间 宋建峰 摄

汜水镇工业起步早，基础好，是荥阳市工业重镇。进入21世纪以来，汜水镇加大工业转型升级力度，逐步形成以阀门制造、医药化工、消防器材为主的支柱产业。宇明阀门集团有限公司是中国阀门生产国标制定单位之一；河南康泰药业集团公司是北方地区最大的甲磺酸加替沙星生产基地；郑州市汜水黄河消防器材有限公司是河南省灭火器生产骨干企业。截至2019年年底，辖区共有工业企业128家，规模以上工业企业5家。

三

山川风物，旖旎多姿。黄河自西向东穿境而过，此处河面宽阔，水鸟飞落岸汀水草之间，4万余亩黄河滩涂风光尽收眼底。大伾山、广武山隔玉门古渡壁立对峙，南有翠屏山、凤凰山遥望，北有玄武灵台，西有虎牢关、点将台、成皋古驿道。

文旅融合，高质量发展。近年来，汜水镇以黄河流域生态保护和高质量发展为目标，以美丽乡村建设为抓手，打造全域旅游，促进乡村振兴，着力提升汜水文化品牌影响力。传统音乐“黄河玉门号子”被列入河南省非物质文化遗产名录，传统技艺“范记烧饼夹”被列入郑州市非物质文化遗产名录，传统技艺“扒猪脸”“汜水丸子”“汜水鸡蛋汤”被列入荥阳市非物质文化遗产名录。2019年，建成汜水文化中心，内设荥阳市美术馆汜水分馆、荥阳市图书馆汜水分馆、特色文化展馆、汜水镇方志馆等文化设施。扎实开展“一村一品”

黄河滩涂　石保定　摄

大伾山、广武山隔玉门古渡壁立对峙　石保定　摄

汜水文化中心　马健　摄

饮马沟景区　马健　摄

黄河党建苑　马健　摄

示范村镇创建工作，近年来启动了老君堂村凤凰寨传统文化教育基地、东河南村旅游休闲基地、南屯村黄河党建苑和饮马沟景区、汜水村“一街、两湖、三区”等项目建设。

四

社会事业，长足发展。汜水镇积极发展教育事业，全面提高教育质量和水平，全镇有初中 1 所，小学 1 所，幼儿园 2 所。文化基础设施不断完善，建有镇综合文化站 1 个和村级文化站 14 个，业余文艺演出队伍 6 支，群众精神文化生活丰富多彩。全镇实现卫生服务网络全覆盖，有 1 所卫生院，14 个村级卫生室。

改善民生，增进福祉。加快乡村振兴步伐，大力推进美丽乡村建设，道路、桥梁、农田水利等基础设施全面提升，创建河南省级卫生村 5 个、郑州市农村人居环境整治示范村 1 个、郑州市级美丽乡村 2 个。14 个村完成“双替代”和天然气入户。建成污水处理厂 1 个，

郑州市人居环境整治示范村南屯村 宋建峰 摄

黄河落日　王红斌　摄

郑州市美丽乡村汜水村　王志鹏　摄

13个村开展了污水管网改造，户厕改造完成80%。加快汜水河综合整治，疏挖河道8.62千米，修建堤防10.03千米，重建跨河桥梁4座。开展河流清洁、入河排污口封堵等专项治理，建成汜水河水质监测站，加强汜水河水源监测，严防水质污染。群众生产条件和生活环境显著提升，生态环境明显改善。

进入新时代，汜水镇高举习近平新时代中国特色社会主义思想伟大旗帜，围绕黄河流域生态保护和高质量发展国家战略、郑州国家中心城市建设，凝心聚力谋发展，努力绘就特色经济强优、生态环境优美、文化繁荣兴盛、社会和谐稳定、人民生活富裕安康的美丽汜水新画卷。

基本镇情

LOCAL RECORDS OF SISHUI

建置区划

镇名由来

因汜水河由巩义市东南北流经此地注入黄河，故名。西汉于此置成皋县，魏晋置成皋郡，隋开皇十八年（598年）更名为汜水县。唐垂拱四年（688年）更名为广武县。唐神龙元年（705年），复名汜水县。1948年，汜水县、广武县合并称成皋县。1954年，成皋县并入荥阳县，汜水为乡。1994年撤乡设镇，名汜水镇，沿用至今。

建置沿革

汜水于上古为高辛氏火正祝融之墟。

周曰虎牢，制邑，初属东虢，春秋属郑，战国属韩，又名成皋。周惠王二十二年（前655年）郑国大夫申侯于虎牢筑城，韩哀侯二年（前375年）韩灭郑，筑成皋城于大伾山上，成皋之名自此始。

秦 秦始皇帝二十六年（前221年）秦统一六国。分天下为36郡，成皋隶三川郡。

汉 汉王元年（前206年）置成皋县，初属三川郡。汉王二年（前205年）改三川郡

汜水河注入黄河 石保定 摄

为河南郡，成皋属司隶部河南郡。

三　国　晋武帝泰始元年（265 年）置司州，成皋属河南郡。

北　朝　北魏孝武帝永熙三年（534 年）设成皋郡，治设成皋。

隋　隋文帝开皇十八年（598 年）改成皋县为汜水县，属荥阳郡。

唐　垂拱四年（688 年）改汜水县为广武县。唐中宗神龙元年（705 年）复为汜水县，属荥阳郡。

金　汜水县隶河南路，属郑州。

元　汜水县隶河南、江北等处行中书省汴梁路，属郑州。

明　隶河南布政使司，属开封府郑州。

清　隶河南布政使司，属开封府。

中华民国初，属豫东道。

1948 年 4 月，汜水地区解放，6 月，荥汜广县政府建立，现汜水镇所辖 14 个行政村分属第四区和第五区管辖。

1948 年 10 月，荥汜广县撤销，其中广武、汜水合并成立成皋县，治设广武城，成皋县设 6 个区，现汜水镇所辖 14 个行政村分属第四区、五区、六区。

1951 年 11 月，成皋县人民政府在汜水地区增设第七区（汜水区），下辖 13 个乡 1 个镇：十里堡乡、北屯乡、马窑乡、周沟乡、西关乡、韦村乡、曹沟乡、屈村乡、滹沱乡、沙固

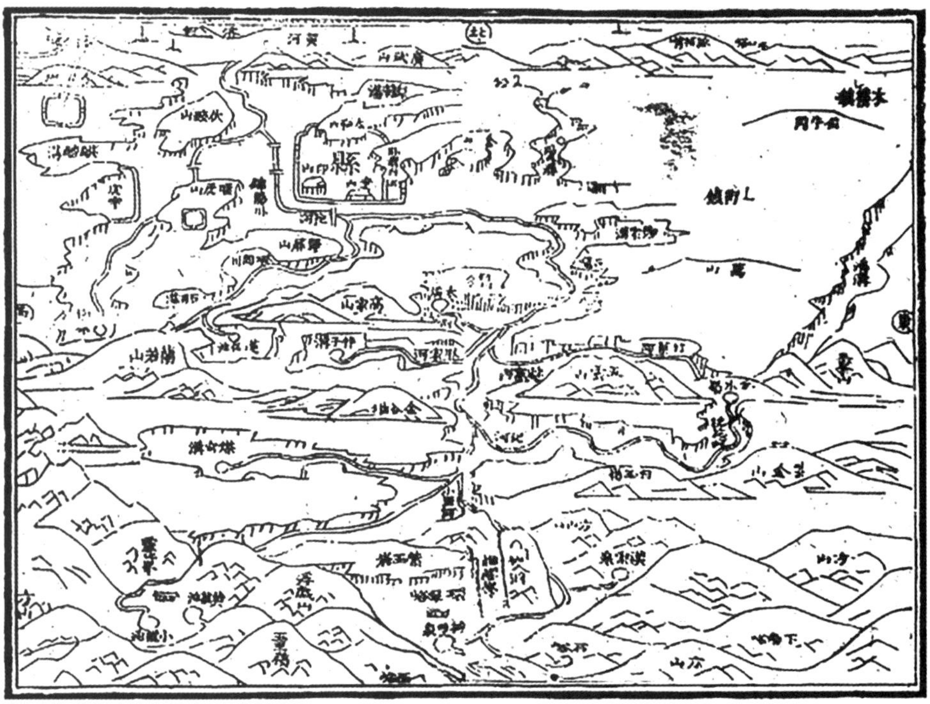

清顺治十五年《汜水县志》山川布列图

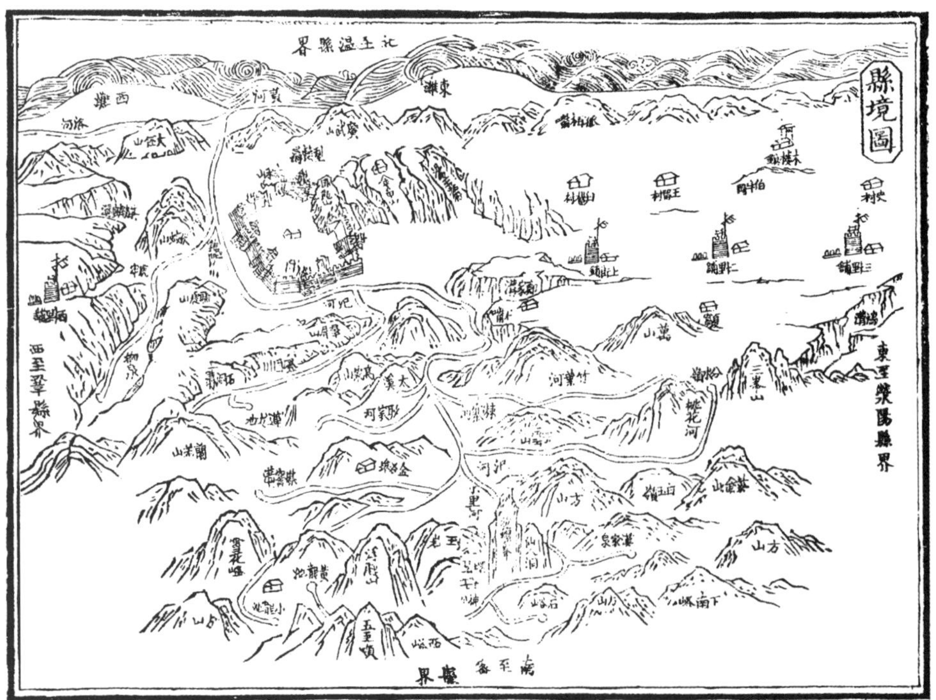

清乾隆九年《汜水县志》县境图

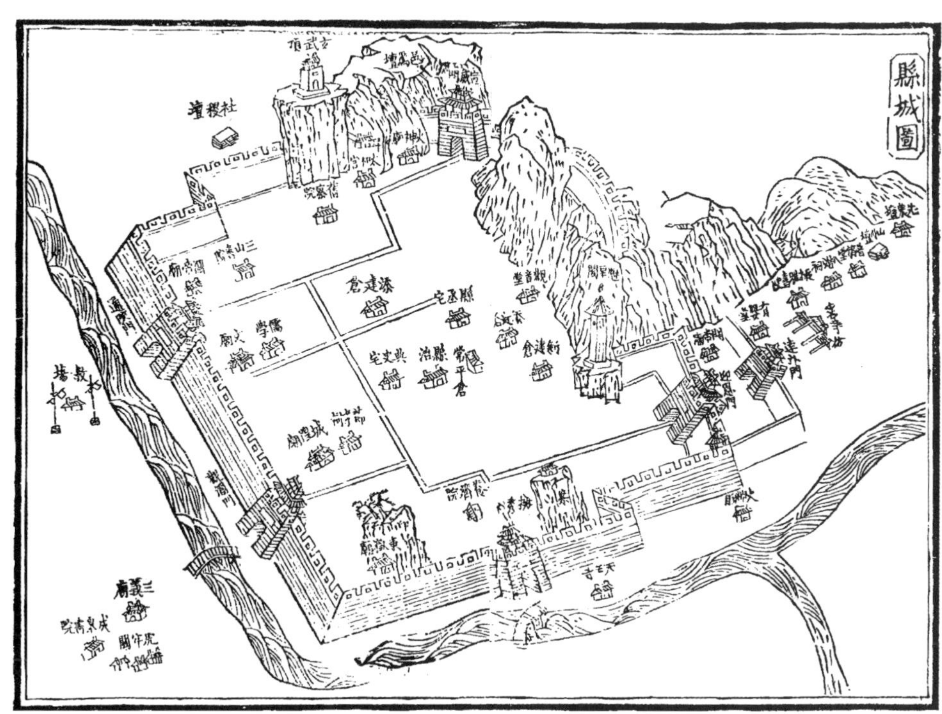

清乾隆九年《汜水县志》县城图

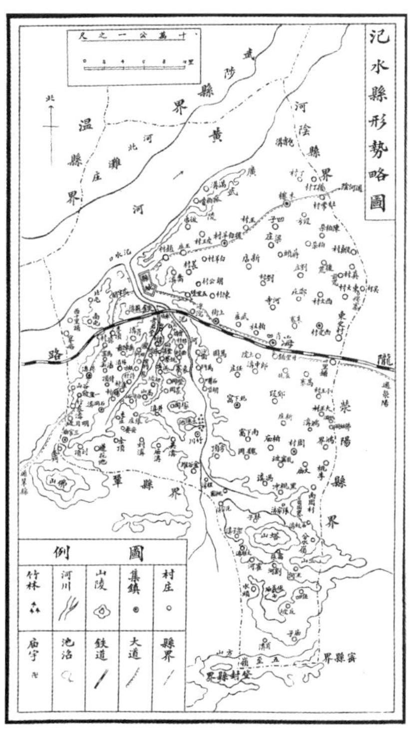

民国 17 年《汜水县志》汜水县形式略图

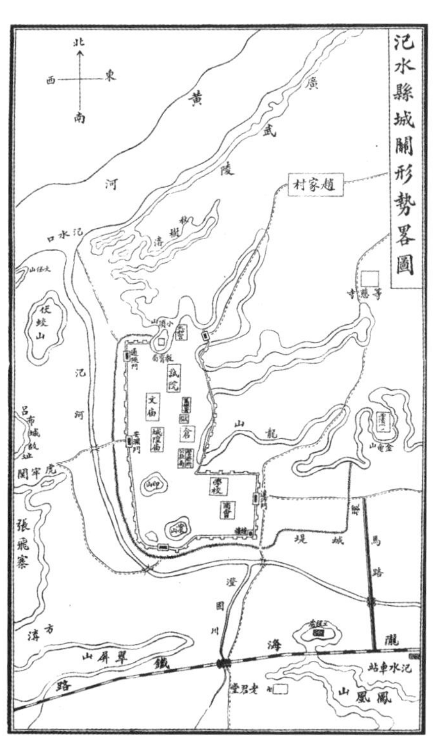

民国 17 年《汜水县志》汜水县城关形式略图

乡、赵村乡、口子乡、河滩乡、汜水镇。同年，成皋县人民政府迁汜水镇。

1953 年 1 月，成皋县第二区（古荥区）划属郑州市，第七区改称第二区。

1954 年 6 月，现汜水镇辖区划入荥阳县，为荥阳县第十区。

1955 年 11 月，撤区并乡，成立汜水中心乡。

1956 年 8 月，汜水中心乡撤销，成立汜水乡。

1958 年，汜水乡撤销，成立汜水人民公社。

1959 年 1 月，白杨、汜水两社合并成立汜水管理区。

1959 年 5 月，汜水管理区撤销，恢复汜水人民公社。

1961 年 5 月，汜水人民公社撤销，恢复汜水管理区。

1963 年 2 月，汜水管理区撤销，所辖划为王村、汜水 2 个人民公社。

1968 年，汜水人民公社管委会撤销，成立汜水人民公社革命委员会。

1981 年 2 月，汜水人民公社革命委员会撤销，恢复汜水人民公社管委会。

1983 年 6 月，人民公社改乡建置，汜水人民公社管委会撤销，成立汜水乡人民政府。

1994 年，撤乡建镇，成立汜水镇人民政府。

所辖村庄

截至 2019 年底，汜水镇辖 14 个行政村：汜水村、清静沟村、口子村、赵村、滹沱村、西邢村、老君堂村、东河南村、周沟村、虎牢关村、新沟村、南屯村、十里堡村、寥峪村。

汜水村 汜水镇政府所在地，面积 6.4 平方千米。辖北门沟、赵家沟、老街、王园坡、东关、西关 6 个自然村，12 个村民组，共 841 户，3600 人。主要姓氏有张、王、李、赵、周等。村内有荥阳市文物保护单位汜水城址。

清静沟村 位于汜水镇政府东 1.5 千米处，面积 2 平方千米。辖大路沟、清静沟、北桥沟 3 个自然村，4 个村民组，共 366 户，1350 人。主要姓氏有张、李、王、马、赵等。连霍高速与上许路穿境而过。

口子村 位于汜水镇政府北 1.5 千米处，面积 1.13 平方千米。辖马冯沟、楸树沟、吴家沟、后沟、前闵 5 个自然村，9 个村民组，共 561 户，2265 人。主要姓氏有赵、张、王、李、付、梁、周、雒等。沿黄快速通道穿境而过。

汜水村　马健　摄

清静沟村　李新华　摄

口子村　马健　摄

赵村　李新华　摄

赵　村　位于汜水镇政府东北1千米处，面积1.9平方千米。辖赵村、李寨2个自然村，4个村民组，共430户，1760人。主要姓氏有赵、周、梅等。

滹沱村　位于汜水镇政府东4千米处，面积2平方千米。辖滹沱、闫湾2个自然村，4个村民组，共292户，1120人。主要姓氏有禹、韦、孔等。陇海铁路穿境而过。

西邢村　位于汜水镇政府东南5千米处，面积2.73平方千米。辖屈村、邢村、姚寨、付家沟4个自然村，9个村民组，共629户，2600人。主要姓氏有贾、张、李、禹等。

老君堂村　位于汜水镇政府南1千米处，面积3.5平方千米。辖岳阵图、肖沟、武家闲、田闲、薛坡、韦村、大庙沟、仁信沟8个自然村，8个村民组，共567户，2100人。主要姓氏有张、吴、侯、武等。

东河南村　位于汜水镇政府东南2千米处，面积2.8平方千米。辖曹沟、东河南、张湾、梧术沟4个自然村，10个村民组，共621户，2252人。主要姓氏有周、刘、张、高等。

周沟村　位于汜水镇政府西南2千米处，面积2平方千米。辖周沟、西窑、方沟、花园咀、东沟、西沟、新东沟、柳家沟8个自然村，8个村民组，共460户，1779人。主要姓氏有周、张、禹、王、刘、曹等。连霍高速穿境而过。

滹沱村　李新华　摄

西郡村　李新华　摄

老君堂村　李新华　摄

东河南村　李新华　摄

周沟村　李新华　摄

虎牢关村　位于汜水镇政府西 2 千米处，面积 5.6 平方千米。辖楼沟、寨沟、关帝庙沟、土地庙沟、窑厂沟 5 个自然村，12 个村民组，共 788 户，2700 人。主要姓氏有张、王、李、赵、柴等。村内有河南省重点文物保护单位成皋城址，荥阳市文物保护单位虎牢关。

新沟村　位于汜水镇政府西南 5 千米处，面积 3.02 平方千米。辖新沟、孙村、西沟、马窑、季顶 5 个自然村，6 个村民组，共 437 户，1700 人。主要姓氏有马、季、赵、王等。

南屯村　位于汜水镇政府西 4 千米处，面积 4 平方千米。辖南屯、北屯 2 个自然村，10 个村民组，共 596 户，2335 人。主要姓氏有张、高、王等。

十里堡村　位于汜水镇政府西 5 千米处，面积 2.37 平方千米。辖北窑、北地、寨门裡、南沟 4 个自然村，4 个村民组，共 299 户，1229 人。主要姓氏有张、高、季、李、赵、王、柴等。村内有荥阳市文物保护单位牛氏祖地旧宅。

寥峪村　位于汜水镇政府西北 6 千米处，面积 2.3 平方千米。辖程寨、油坊沟、东沟、马蹄沟 4 个自然村，5 个村民组，共 386 户，1470 人。主要姓氏有潘、程、牛、王、李、张等。连霍高速、S312 穿境而过。

虎牢关村　石保定　摄

新沟村　李新华　摄

南屯村　马健　摄

十里堡村　王红斌　摄

参峪村　马健　摄

自然环境

地理位置

汜水镇位于荥阳市西北部，距荥阳市城区 17 千米。地理坐标为东经 113°12′，北纬 34°50′，总面积 58 平方千米。东邻上街区峡窝镇，东北与荥阳市王村镇相连，南与荥阳市高山镇相接，西与巩义市河洛镇交界，北跨黄河与焦作市温县、武陟县相望。汜水镇区位优越，陇海铁路、连霍高速、S312 穿境而过。

地　形

汜水镇东西长、南北窄，为一不规则的长方形。中部和南部属于丘陵地区，沟壑纵横，北部属于黄河滩地。黄河自西向东，汜水河自南向北穿境而过。境内最高点在大伾山上的点将台，海拔 171 米；最低点在东河南村曹沟，海拔 94 米。

连霍高速和陇海铁路穿境而过　马健　摄

汜水镇丘陵沟壑　马健　摄

山 脉

广武山 位于辖区中部，北临黄河，玉门古渡东侧，海拔 150~165 米。民国《汜水县志》记载："广武山在城东北二里许，一曰三皇山。东跨荥阳，南跨汜水，连亘五十里。楚汉对垒于上，故更今名。唐太宗擒窦建德于山阴河滨之处。"

大伾山 位于汜水镇西北汜水河西岸。民国《汜水县志》记载："大伾山在城西一里，即大禹导河处。""一名九曲山，一名葱山。"最高峰为大伾山之巅的点将台，海拔 171 米。山上有成皋城、虎牢关等遗址。相传汉末吕布据之以拒关东诸侯兵，至今人呼为吕布城。

翠屏山 位于汜水镇南部，隔汜水河与汜水城相望，山上平衍。自北南望，有如绿色屏风，故名。

凤凰山 位于汜水镇老君堂村东，上有东西两山头，形如凤凰展翅，故名。

卧龙山 位于现汜水镇政府北部。

伏蛟山 位于汜水镇西，虎牢关关帝庙北，独处汜水河河谷之中。远望如蛟龙，故名。又名伏龟山。其山之前，唐代建有昭武庙，元时毁。山顶明代建有祖师庙，今不存。

广武山 马健 摄

大伾山　马健　摄

翠屏山　李新华　摄

凤凰山　陈重孚　摄

卧龙山　李新华　摄

伏蛟山 马健 摄

金龟山 在汜水镇东关，两山夹峙，中有一山似金龟戏水，故名。明清时，玉清宫建其上，“琼宫瑶宇，飞霞焕彩”，被称为“玉清仙境”，为旧汜水县十景之一。

案 山 在汜水镇南，四壁斗悬，阻城而立，状如几案，故名。南岩下有天王寺，寺内有钟楼，悬钟以司晨昏，钟声与山声相间，四境皆闻。“案岭晨钟”为旧汜水十景之一。

玄武灵台 在汜水镇政府北卧龙山侧。传为汉之成皋台，汉高祖刘邦曾居于此，薄姬夜梦苍龙据腹生文帝。一峰插天，捧日撑云，磴道三折，始达台顶。“玄武灵台”为旧汜水十景之一。

金龟山，清乾隆九年《汜水县志》玉清仙境

案山 王秀清 摄

玄武灵台 周建功 摄

气 候

汜水镇属暖温带大陆性季风气候，四季分明且各具特色。夏季炎热多雨，水热同期；秋季天高气爽，光照充足，间有连阴雨天气出现；冬季寒冷干燥，风多雪少。春、秋相对较短，降水季节分配不均匀，全年降水多集中在7月、8月、9月三个月，期间常有暴雨。基本特点：光、热、水资源比较丰富，气候温和，有利于多种植物生长。但由于降水时空分布不均匀，旱灾成境内主要灾害，其次还有风灾、水灾、雹灾、雪灾等，对农业生产影响较大。

汜水镇年平均气温 14.8℃，年平均降水量 608.8 毫米。

汜水之春　石保定　摄

汜水之夏　石保定　摄

汜水之秋　王红斌　摄

汜水之冬　王志鹏　摄

河 流

黄 河 黄河由汜水镇的寥峪村入境，流经南屯村、虎牢关村、口子村，由赵村出境。境内黄河全长 8 千米，水面宽约 2 千米，流量一般 200~250 立方米每秒，旱时 80~100 立方米每秒。水最深处达 5 米以上，浅处 2~3 米。由于上游泥沙冲积，河道北徙南滚不定，造成广武山山体冲刷坍塌。黄河南岸为邙山山体，北岸为 4 万余亩黄河滩区，河床为泥沙

黄河 石保定 摄

沉积物，地下水储量相对丰富。

汜水河 发源于新密市田种湾村，北经巩义市米河镇，荥阳市高山镇，汜水河属于黄河流域，由汜水镇西邢村入境，经东河南村、老君堂村、汜水村、虎牢关村至口子村，汇入黄河。境内全长 8.62 千米，河谷宽度 35~110 米。流量 0.58~2.23 立方米每秒。年径流量为 1829.09 万 ~7032.53 万立方米。

汜水河 马健 摄

汜水镇土壤 王红斌 摄

土 壤

白立土 主要分布于汜水镇丘陵地区，属于褐土土类，褐土亚类，立黄土层，白立土种，约占总面积的43%。

白 土 主要分布在汜水镇淤荒谷地区，沟地，约占总面积的40%。

小两合土 主要分布在汜水镇汜水河两岸，属于潮土类，潮土亚类，两合土层，小两合土种，是由山洪土质冲积物形成，约占总面积的17%。

物　产

禽　类　花喜鹊、灰喜鹊、乌鸦、白脖老鸹、啄木鸟、柿喳、麻雀、大雁、小燕、黄莺、杜鹃、布谷鸟、鹌鹑、黄雀、山鸡、赤麻鸭、猫头鹰、雕、戴胜等。

鱼　类　鲤鱼、鲫鱼、泥鳅、黄河鲄、青鱼、草鱼、鲶鱼、鲢鱼、黄鳝、鲈鱼等。

昆虫类　蝗虫、蚱蜢、蜻蜓、蛐子、蟋蟀、蝉、螳螂、斑衣蜡蝉、天蛾、灯蛾、凤蝶、蛱蝶、粉蝶、蝼蛄、蛴螬、金针虫、金龟子、象鼻虫、盲蝽蟓、天牛、瓢虫、蚊、苍蝇、草蛉、齿蛉、尺蠖、蜜蜂、椽头蜂、蚂蚁、牛虻等。

树木类　法桐、垂柳、龙爪槐、香花槐、国槐、梓树、栾树、五角枫、白蜡、玉兰、合欢、油松、白皮松等。

灰喜鹊　石保定　摄

戴胜　石保定　摄

麻雀　石保定　摄

赤麻鸭　石保定　摄

花 类 海棠花、石榴花、荷花、桃花、杏花、梨花、月季、玫瑰花、茉莉花、蔷薇、合欢花、白玉兰花、紫玉兰花、广玉兰花、芙蓉花、桂花、菊花、梅花、丁香花、金银花、凌霄花、水仙花、郁金香花、马兰花、鸡冠花、太阳花、风信子花、仙人掌花、八仙花、小苍兰花、紫茉莉花、夜来香花、含羞草花、凤仙花、牵牛花、蝴蝶兰花、百合花、睡莲花、仙客来花、报春花、蒲包花、鹤望兰花、绣球花、紫荆花、紫薇花、扶桑花、双色茉莉花、吊钟海棠花、铃兰花、牡丹花、芍药花、扶郎花、桔梗花、康乃馨花等。

农作物 小麦、大麦、玉米、谷子、稻子、高粱、荞麦、黑豆、绿豆、红豆、黄豆、豇豆、豌豆、扁豆、红薯、芝麻、花生、油菜、向日葵、蓖麻、棉花、大葱、韭菜、姜、白菜、白萝卜、红皮萝卜、胡萝卜、莲藕、洋葱、茄子、番茄、菠菜、黄花菜、大头菜、芥菜、芹菜、花菜、芋头、土豆、豆角、山药、油菜、冬瓜、荀瓜、西葫芦、苦瓜、丝瓜等。

新沟村海棠花种植基地　石保定　摄

谷子 石保定 摄

石榴 石保定 摄

瓜 果 石榴、西瓜、甜瓜、杏、苹果、梨、葡萄、草莓、枣、桃、核桃、无花果、柿子、甘蔗等。

家畜类 牛、羊、兔子、猪、马、驴、骡子等。

人口民族

人口总量

1954 年，全国第一次人口普查总数为 4942 户，16357 人，其中男性 8209 人，女性 8148 人。

1964 年，全国第二次人口普查总数为 4907 户，21856 人，其中男性 11460 人，女性 10396 人。

1982 年，全国第三次人口普查总数为 6154 户，26528 人，其中男性 13964 人，女性 12564 人。

1990 年，全国第四次人口普查总数为 7261 户，28871 人，其中男性 14284 人，女性 14587 人。

2000 年，全国第五次人口普查总数为 6422 户，22922 人，其中男性 11356 人，女性 11566 人。

2010年，全国第六次人口普查总数为7946户，26920人，其中男性13576人，女性13344人。

截至2019年底，辖区常住人口7590户，28284人，其中男性14280人，女性14004人。

民族构成

截至2020年5月，辖区常住人口7590户，28290人，其中汉族28234人，其他民族56人，包括回族23人，蒙古族5人，满族2人，苗族4人，彝族6人，壮族5人，布依族2人，土家族9人。

姓氏组成

氾水镇主要姓氏有张、王、李、陈、赵、马、刘、周、高、禹、贾、曹、柴、付、傅、梁、梅、雒、孔、韦、潘、吴、武、程、季、侯、田、石、宋、申、范、苏、董、丁、闫、白、司、孙、许、吕、杨、郭、夏、韩、安等。

社会发展

科技科普

氾水镇科技普及工作起步较早。1956年3月，成立农业技术推广站，主要负责在各村种试验田，推广栽种技术，改良农作物品种，病虫害的防治等工作。1964年，建立三级农科网，14个大队均成立有科技小组。1981年1月，成立科学技术协会。党的十八大以来，氾水镇党委、政府积极落实习近平总书记关于科技创新和科学普及的指示精神，因地制宜实施科技科普工作。

移动式喷灌　泡水镇人民政府　供图

汜水镇2006—2019年专利统计表

申请专利名称	申请人	专利申请号	申请日期	公开日	受理单位	专利类型	取得方式
一种球阀	宇明阀门集团有限公司	ZL201620227612.9	2016.03.23	2016.08.10	国家知识产权局专利局	实用新型	自主研发
一种排污阀	宇明阀门集团有限公司	ZL201620227610.X	2016.03.23	2016.08.10	国家知识产权局专利局	实用新型	自主研发
减震止回阀芯及使用该止回阀芯的止回阀	宇明阀门集团有限公司	ZL201620227559.2	2016.03.23	2016.08.10	国家知识产权局专利局	实用新型	自主研发
电动阀及其阀杆螺母	宇明阀门集团有限公司	ZL201620227540.8	2016.03.23	2016.08.10	国家知识产权局专利局	实用新型	自主研发
一种止回阀和该止回阀采用的阀瓣	宇明阀门集团有限公司	ZL201620227615.2	2016.03.23	2016.08.10	国家知识产权局专利局	实用新型	自主研发
一种排污阀和该排污阀采用的阀瓣	宇明阀门集团有限公司	ZL201620227611.4	2016.03.23	2016.08.10	国家知识产权局专利局	实用新型	自主研发
一种密封性强的燃气截止阀	宇明阀门集团有限公司	ZL201922421001.4	2019.12.27	2020.08.05	国家知识产权局专利局	实用新型	自主研发
一种密封性强的电站用截止阀	宇明阀门集团有限公司	ZL201922421026.4	2019.12.27	2020.08.05	国家知识产权局专利局	实用新型	自主研发
一种新型不锈钢软密封闸阀	宇明阀门集团有限公司	ZL201922421046.1	2019.12.27	2020.08.05	国家知识产权局专利局	实用新型	自主研发
一种实用型燃气全焊接球阀	宇明阀门集团有限公司	ZL201922421078.1	2019.12.27	2020.08.05	国家知识产权局专利局	实用新型	自主研发
一种新型双向软密封闸阀	宇明阀门集团有限公司	ZL201922445198.5	2019.12.30	2020.08.05	国家知识产权局专利局	实用新型	自主研发
一种新型弹簧式安全阀	宇明阀门集团有限公司	ZL201922445366.0	2019.12.30	2020.08.07	国家知识产权局专利局	实用新型	自主研发
一种电站用用自密封截止阀	宇明阀门集团有限公司	ZL201922445367.5	2019.12.30	2020.08.10	国家知识产权局专利局	实用新型	自主研发
一种可耐高温高压的电站闸阀	宇明阀门集团有限公司	ZL201922482698.6	2019.12.27	2020.08.04	国家知识产权局专利局	实用新型	自主研发
一种实用型耐磨软密封闸阀	宇明阀门集团有限公司	ZL201922420962.3	2019.12.27	2020.08.05	国家知识产权局专利局	实用新型	自主研发
一种新型燃气管路用法兰浮动球阀	宇明阀门集团有限公司	ZL201922445200.9	2019.12.30	2020.08.12	国家知识产权局专利局	实用新型	自主研发
水解反应器	周海龙	ZL200620134926.0	2006.12.06	2007.12.26	国家知识产权局专利局	实用新型	自主研发
一种巴洛沙星的制备及纯化方法	周海龙	ZL2006100128331.9	2006.12.04	2011.10.26	国家知识产权局专利局	发明型	自主研发

学校教育

1905 年，成立官立高等小学堂，后改称县立高等小学校，为汜水县最早的新式学校。同年，成立师范讲习所。

1908 年，汜水全境兴办初等小学堂 32 处，属现汜水镇范围内的有 7 处。

1928 年，成立县立简易师范学校。

1929 年，成立县立女子初级小学，1931 年改称县立女子小学。

1931 年，改县立高等小学校为第一区区立高级小学校。同年，县立简易师范学校附设中学班。

1934 年，汜水县共有初级小学 334 处，属现汜水镇范围的有 56 处。

1939 年，县立简易师范学校改为县立初级中学校。

1940 年，第一区区立高级小学校改为汜水县城厢小学校。

1941 年，改区设乡，汜水县城厢小学校改为玉门乡中心学校，后改名为玉门乡第一中心学校。

1941 年后，各村初级小学改称“国民学校”，全县共有 136 处，属现汜水镇范围的有 23 处。

20 世纪 90 年代汜水镇教育老照片之一　汜水镇人民政府　供图

1947 年，县立简易乡村师范学校成立。截至 1947 年年底，汜水县共有中心学校 13 处，属现汜水镇范围的只有玉门乡第一中心学校 1 处。

1948 年 4 月，成立汜水小学。同年，成立荥汜广联合中学。

1949 年，汜水小学改称汜水完全小学，各村均为初级小学。

1954 年后，邢村、南屯、虎牢关、东河南等村小学先后增设高级班。

1956 年，汜水完全小学附设中学两班。

1957 年，成立汜水中学。

1958 年，汜水中学改称荥阳四中。

1959 年，高山、汜水、王村 3 个人民公社中学合并，14 个大队完全小学均增设中学班。

1968 年，汜水人民公社共有学校 14 所。

1969 年，成立汜水高中。于 1970 年改称汜水完全中学。

1973 年，汜水高中撤销，成立汜水联中，马固高中。

1974 年，恢复成立汜水高中。

1979 年，汜水人民公社小学总数 14 所，有教学班 114 个，在校生 3884 人。

1980 年，汜水人民公社小学总数 14 所，有教学班 114 个，在校生 3776 人；有中学班 51 个。

1981 年，汜水人民公社小学总数 14 所，有教学班 109 个，在校生 3541 人。

1982 年，调整中学，仅留汜水、邢村、清静沟、武阏、南屯 5 处，共有 24 个班，均于小学分设。

20 世纪 90 年代汜水镇教育老照片之二　汜水镇人民政府　供图

20 世纪 90 年代汜水乡中心小学师生参观虎牢关　荥阳市汜水镇中心小学　提供

1982 年，汜水人民公社小学总数 14 所，有教学班 95 个，在校生 3295 人。

1983 年，成立荥阳汜水中学。同年，汜水高中并入马固高中。全乡有初级中学 6 处：汜水中学、汜水镇中学、邢村中学、清静沟中学、老君堂中学、南屯中学。小学总数 14 所，在校生 3388 人。

1990 年，教育体制改革，汜水中学、汜水镇中学、邢村中学、清静沟中学、老君堂中学、南屯中学等初级中学停办，成立荥阳县汜水乡第一初级中学、荥阳县汜水乡第二初级中学、荥阳县汜水乡第三初级中学。

1995 年，荥阳市汜水镇第三初级中学并入荥阳市汜水镇第一初级中学。

2004 年，各村 14 所小学停办，成立南屯小学、虎牢关小学、汜水中心小学、东河南小学、清静沟小学。

2008 年，荥阳市汜水镇第一初级中学、荥阳市汜水镇第二初级中学合并为荥阳市汜水镇第一初级中学。同年，汜水镇 5 所小学并入荥阳市汜水镇中心小学。

荥阳市汜水镇第一初级中学 位于汜水镇东河南村，创建于 2008 年。占地面积 2 万平方米，建筑面积 4500 平方米。现有教学班 7 个，在校生 200 人，教职员工总数 38 人。2008 年 12 月，被郑州市教育局评为示范家长学校。

荥阳市汜水镇中心小学 位于镇区，创建于 1905 年。占地面积 1.87 万平方米，建筑面积 1.1 万平方米。有教学班 12 个，在校生 550 人，专任教师总数 49 人。

荥阳市汜水镇中心幼儿园 位于镇区，创建于 2008 年。占地面积 6420 平方米，建筑面积 5683 平方米。有教学班 8 个，在校幼儿 203 人，教职工总数 33 人。2011 年 11 月，

荥阳市汜水镇第一初级中学 李新华 摄

荥阳汜水镇中心小学 李新华 摄

被郑州市人民政府教育督导室评为郑州市一级幼儿园。

荥阳市汜水镇童乐幼儿园 位于汜水镇漈沱村，创建于 2006 年。占地面积 3100 平方米，建筑面积 820 平方米。有教学班 6 个，在院幼儿 135 人，教职工总数 20 人。2011 年，被郑州市人民政府教育督导室评为郑州市二级幼儿园。

荥阳市汜水镇中心幼儿园 王志鹏 摄

荥阳市汜水镇童乐幼儿园 陈重孚 摄

医疗卫生

中华人民共和国成立前，汜水县医疗资源较为薄弱，仅在县城设有一所平民医院。中华人民共和国成立后，1953 年，南屯村、汜水村、周沟村、口子村成立联合诊所。1958 年，成立汜水卫星公社人民卫生院，各乡设置卫生所，配备村医 1 名。1959 年，荥阳县第二人民医院撤销，汜水卫星公社人民卫生院迁入其旧址。1970 年，各大队开始实行合作医疗。1973 年，汜水卫星公社人民卫生院改称荥阳县汜水乡卫生院。1990 年，荥阳县汜水乡卫生院改称荥阳县汜水乡中心卫生院。1994 年，荥阳县汜水乡中心卫生院改称荥阳市汜水镇中心卫生院。

荥阳市汜水镇中心卫生院 始建于 1958 年，占地面积 6660 平方米，建筑面积 4240.5 平方米。设置内科、妇科、中医科、外科、儿保科、妇保科、放射科、检验室、B 超室、心电图室、五官科、理疗科、药房、护理部、预防保健公共卫生科等科室。主要医疗设备有数字化 DR、彩色经颅多普勒、彩色 B 超机、全自动生化分析仪、十二导心电图机、心电监护仪、24 小时动态心电图机、高频电刀、磁震热等。

汜水镇中心卫生院义诊 李新华 摄

群众文化

1958 年，成立汜水人民公社文艺宣传队。

1959 年，成立汜水人民公社业余剧团。

1964 年，成立汜水人民公社有线广播站。

1974 年，成立电影放映队。

1976 年，建立汜水人民公社文化站，各大队设有文化室。

1982 年，成立电影管理站。

1986 年 2 月，举办汜水乡元宵节灯谜会。

1988 年 9 月，汜水乡汜水村的高跷舞《三英战吕布》参加河南省首届艺术节演出。

1990 年 10 月，举办口子小学优秀学生书画作品展。

1991 年 2 月，举办“迎春节”黑板报评选活动。

1992 年 12 月，虎牢关书画研究会成立，举办第一届书画展。

1993 年 7 月，举办虎牢关书画研究会第二届书画展。

1996 年 7 月，举办汜水镇庆祝中国共产党建党 75 周年红歌大合唱活动。

1997 年 3 月，举办“元宵节大联欢”群众文艺汇演活动。

2003 年 5 月，举办汜水镇五四青年节书画展。

2004 年 9 月，东河南村举办庆建国 55 周年戏曲汇演。

2005 年 3 月，举办“三八妇女节”漫画展。

2007 年 3 月，南屯村举办“好公婆、好媳妇”评选活动。

2010 年 5 月，西邢村举办庆五一戏曲大联欢。

2012 年 3 月，汜水村举办“学雷锋”演讲比赛。

2016 年 8 月，举办“夕阳红”广场舞比赛。

2017 年 6 月，举办庆六一童话剧演出活动。

2018 年 1 月，举办汜水镇庆元旦迎新春戏曲演出活动。

2018 年 3 月，举办闹元宵文艺演出活动。

2018 年 4 月，老君堂村凤凰大舞台建成。

2019 年 4 月，承办荥阳市第一届海棠花节。

2019 年 5 月，举办南屯村文化经济振兴大会。

索城欢歌经典歌曲大家唱活动 陈卓 摄

2019 年 6 月，在镇文化广场举办迎七一红歌比赛。

2019 年 9 月，汜水文化中心建成投用。

2019 年 10 月，在镇文化广场举办庆祖国 70 华诞文艺汇演、庆祖国 70 华诞书画展，在汜水村举办传统文化大讲堂。

2020 年 4 月，举办世界读书日活动。

2020 年 6 月，举办“一村一艺”戏曲培训活动。

2020 年 6 月，举办“我们的节日——端午”道德讲堂活动。

2020 年 7 月，举办“索城欢歌”经典歌曲大家唱活动。

2020 年 8 月，举办“一村一艺”广场舞培训活动。

2020 年 8 月，举办“翰墨飘万家”书画交流活动。

2020 年 9 月，汜水镇方志馆投用。

舞　狮　汜水镇的狮子舞有 700 年历史，属于北方武狮，表演融合了武术元素，动作粗犷豪放，英武壮观。舞狮表演形式分为平地、上高场、上老杆三种。平地表演，狮舞者在舞台或平地上腾跳舞动。上高场，狮子登上铁架高台，做各种高难度动作。上老杆，用绳固定一根数十米高的独杆，顶上绑两个木台，舞狮沿绳攀上木台亮相，并做腾挪跳跃等惊险动作。表演节目有群狮闹春、双狮戏绣球、上老杆、窜火圈、雄狮踩绳。

舞狮老照片之一　汜水镇人民政府　供图

舞狮老照片之二　汜水镇人民政府　供图

高跷舞　汜水镇高跷荷花舞表演较为有名。高跷舞表演是用1米左右高的两根木棍，上半部固定一根20厘米的小横棍，脚踩在小横棍上，用绳子把大棍固定在腿上行走。高跷舞一般都有戏剧情节，有古典的，有民间传说的，有根据时代内容自编自创的，也有单纯表演踩高跷技艺的。高跷舞的表演一般跟随社火队一起行走，边走边舞。技巧娴熟的高跷班子，还常在固定的场子里，表演单叉、双叉、磕腿、翻身、鹤立等高难动作。

高跷舞老照片之一 汜水镇人民政府 供图

高跷舞老照片之二 汜水镇人民政府 供图

棒棒鞭 又叫“鞭子”“霸王鞭”。表演时共1男2女3名演员，1名男演员饰相公，手执扇子；2名女演员饰小姐，各执象征性竹鞭，边歌边舞，轻松幽默。曲调有渭调、满州、下河、双叠翠、剪剪花变新、剪剪花带垛子、银扭丝等。乐器有鼓板、四弦、敲琴、细碟、笛子（或箫）、碰铃等。旧唱词多为男女调情嬉戏，也有劝夫、劝世内容。女角多为男性扮演。

棒棒鞭老照片　汜水镇人民政府　供图

汜水文化中心之一　马健　摄

汜水文化中心　位于镇区中心，总建筑面积 2600 多平方米。中心设有荥阳市图书馆汜水分馆、荥阳市美术馆汜水分馆、荥阳市文化馆汜水分馆、特色文化展览馆、汜水镇方志馆。文化中心藏书 4000 余册，展示书画作品 60 余幅，陈列民俗服装和古典民族乐器。方志特色文化展览设 6 个单元，反映了汜水悠久灿烂的经济社会发展历程。

汜水文化中心之二　李新华　摄

汜水文化中心之三　石保定　摄

汜水文化中心之四　马健　摄

汜水文化中心之五　马健　摄

社会保障

社会保险 2008年，汜水镇开始实施城乡居民养老保险制度。

2010年，城乡居民养老保险完成参保续费19750人，参保率100%。

2011年，城乡居民养老保险完成参保续费18650人，参保率100%。

2012年，城乡居民养老保险完成参保续费17460人，参保率100%。

2013年，城乡居民养老保险完成参保续费17450人，参保率99%。

2014年，城乡居民养老保险完成参保续费15450人，参保率98%。

2015年，城乡居民养老保险完成参保续费14300人，参保率97%。

2016年，城乡居民养老保险完成参保续费14500人，参保率95%。

2017年，城乡居民养老保险完成参保续费14460人，参保率95%。

2018年，城乡居民养老保险完成参保续费14600人，参保率84%。

2019年，城乡居民养老保险完成参保续费13500人，参保率83%。

医疗保险 2006年，汜水镇开始实施新型农村合作医疗保险。

2010年，新型农村合作医疗保险完成参保续费24600人，参保率100%。

2011年，新型农村合作医疗保险完成参保续费23700人，参保率100%。

2012年，新型农村合作医疗保险完成参保续费24000人，参保率100%。

2013年，新型农村合作医疗保险完成参保续费23100人，参保率100%。

2014年，新型农村合作医疗保险完成参保续费23450人，参保率100%。

2015年，新型农村合作医疗保险完成参保续费22760人，参保率99%。

2016年，新型农村合作医疗保险完成参保续费23000人，参保率99%。

2017年，新型农村合作医疗保险完成参保续费21650人，参保率91%。

2018年，城镇基本医疗保险与新型农村合作医疗保险合并为城乡居民基本医疗保险，完成参保续费22780人，参保率93%。

2019年，城乡居民基本医疗保险完成参保续费22450人，参保率90%。

最低生活保障 从2005年起，汜水镇实行最低生活保障制度，又称低保制度。2019年10月，有低保户219户423人，按国家低保政策分三个等级发放补助资金，A级低保保障每人每月490元；B级低保保障每人每月392元；C级低保保障每人每月292元。所有低保家庭每月享受电费补贴5.6元，水、气补贴28.8元，低保户家庭成员每年的医疗保

便民服务中心 李新华 摄

险保障费用由政府统一购买。

2013 年，五保供养 50 户 50 人。

2014 年，五保供养 46 户 46 人。

2015 年，低保户 616 户 875 人，五保供养 49 户 49 人。

2016 年，低保户 612 户 851 人，五保供养 50 户 50 人。

2017 年，低保户 342 户 655 人，特困供养对象 51 户 51 人。

2018 年，低保户 222 户 429 人，特困供养对象 66 户 66 人。

2019 年，低保户 221 户 421 人，特困供养对象 63 户 63 人。

脱贫攻坚

汜水镇新沟村、东河南村为省级贫困村，虎牢关村为郑州市级贫困村。从脱贫攻坚工作开展以来，汜水镇党委、政府以抓好责任落实促工作落实和政策落实，统筹帮扶单位、帮扶企业、慈善机构、爱心人士等力量，开展围绕提高脱贫质量、巩固脱贫成效的扶贫帮扶活动。全面排查“两不愁三保障”突出问题，在全镇范围内扎实开展扶贫对象动态管理和“三清零”工作，圆满完成了脱贫攻坚各项任务，实现了全镇建档立卡贫困户全部脱贫和消除绝对贫困的攻坚目标。

新沟村 2014 年，被确定为省级贫困村，通过开展持续帮扶工作，贫困人口逐年减少，2016 年退出贫困村序列，至 2019 年全村贫困户全部实现脱贫摘帽。截至 2019 年年底，全村建档立卡脱困户共有 90 户 308 人，其中，脱贫享受政策 42 户 139 人，稳定脱贫不享受政策 48 户 169 人。

实施产业扶贫，完成《新沟村旅游发展规划》，确定“旅游立村、旅游活村”的基本思路，利用郑州市新沟生态农业有限公司、郑州正旺生态农业有限公司等 11 家公司资金优势，结合新沟村地理环境特点，建设汜水镇新沟村大学生写生基地实践教学点，鸵鸟谷等旅游项目，逐步形成游玩、观赏、餐饮、艺术田园文化产业链。加大基础设施建设力度，实施 40 千瓦光伏发电扶贫项目，截至 2019 年年底，累计发电量 21.89 万千瓦时，收益 8.26 万元。做好就业扶贫，组织贫困户参加荥阳市春风行动就业招聘会，组织企业与脱贫户签订带贫协议，优先提供就业岗位。实施健康扶贫，为全村贫困户代缴新型农村合作医疗保

新沟村鸵鸟谷 李新华 摄

新沟村光伏项目　王红斌　摄

险参保费用，为每个贫困户配备价值 50 元家庭小药箱。截至 2019 年年底，全村人均收入达到 1.2 万元。

东河南村　2014 年，被确定为省级贫困村，2016 年退出贫困村序列，2019 年，全部建档立卡贫困户实现脱贫。

扶贫工作开展以来，东河南村共新打机井 15 眼，新修道路 13 千米，美化亮化村主干道及修整排水渠 1.5 千米，新增配套变压器 5 台，埋设地埋管 17 千米，地埋电缆 2600 米。在村委大院、文化广场等群众活动集中区域增设体育器材 5 套 30 件；投资 9 万余元在村主干道两侧打造社会主义核心价值观墙体绘画 900 余平方米。组建便民服务志愿小分队，每月为建档立卡贫困户开展义务理发和义诊活动。

虎牢关村　2014 年，被确定为郑州市级贫困村，2016 年退出贫困村序列，2018 年全部建档立卡贫困户实现脱贫。

持续投入发展产业扶贫，依托丰富历史文化资源打造旅游业，大力开发宣传虎牢关遗址，因地制宜发展养殖业，成立养殖合作社，充分发挥 2000 余亩黄河滩地资源优势，实施虎牢关村“黄河滩小杂粮”项目，收购谷子 3 万斤，加工小米 2 万斤，实现销售收入

电商扶贫东河南村服务点 陈重孚 摄

虎牢关村黄河滩小杂粮项目 王红斌 摄

14 万元。坚决落实好政策扶贫，针对“两不愁、三保障”中存在的突出问题，实施相应措施，配备家具、电器等生活必需品，提升改善住所 1 处。享受健康扶贫“七免一减”政策 22 人次、享受医疗慈善救助 16 人次，帮助建档立卡贫困户申请金融扶贫引导资金 1.45 万元。

居民生活

衣 中华人民共和国成立前，汜水地区纺织业不发达，布料主要以粗麻布为主，舒适度不高，颜色单调，少有丝绸制品的衣物，穿着主要以防寒保暖为目的。中华人民共和国成立初期，服装颜色以蓝、灰、黑以及军绿色为主，夏天主要是白衬衫加蓝裤子。改革开放后，喇叭裤、牛仔装、西装、羊毛衫等开始流行。20 世纪 90 年代，短裙、职业套装、文化衫等开始流行。进入 21 世纪，随着居民生活水平的不断提高，居民穿着突破颜色单调、式样单一的旧格调，品种讲究多样化，款式趋向个性化，制作强调精细化，面料趋向高档化。人们更愿意用不断翻新的款式花色为生活增添亮丽色彩，更加注重舒适性和时尚。

居民生活之一　马健　摄

食 中华人民共和国成立前，汜水地区农业发展落后，粮食产量不高，主要以高粱等粗粮为主，百姓生活贫苦。中华人民共和国成立初期，党委、政府关注民生，实施一系列农业政策，农业生产得到极大提升，粮食产量连年增收，温饱问题基本得到解决。改革开放以来，居民膳食结构日趋优化，食品种类日渐丰富，瓜果蔬菜、肉禽蛋奶成为群众日常饮食，营养、绿色和健康成为新的关注点。

住 中华人民共和国成立前，汜水地区民居主要以砖瓦房、土窑、石券窑为主，多依山而居。窑洞有保湿性好、冬暖夏凉、寿命长、造价低廉等优点，但较为潮湿，储存粮食容易发霉，时有山体灾害隐患，危及村民人身财产安全。中华人民共和国成立后，尤其是改革开放以来，人居环境获得极大改善，20 世纪 80 年代末，开始兴建二层楼房。90 年代中期，多层楼房逐渐在镇区及周边兴起，农村人口开始向城镇集中。居住条件注重宽敞、舒适、美观，楼房装修城市化，房屋内部各式家具一应俱全。

行 中华人民共和国成立之前，道路基础设施较为落后，没有公路，人们出行主要靠畜力拉车和步行，活动范围受到限制。中华人民共和国成立后，出行方式发生了巨大变化，20 世纪 80—90 年代，骑自行车、摩托车者增多，逐步兴起三轮车、老年车。进入 21 世纪，汽车慢慢进入普通家庭，私家车拥有量不断增加。

居民生活之二 马健 摄

居民生活之三　马健　摄

居民生活之四　石保定　摄

精神文明建设

中华人民共和国成立后，人们接受了社会主义改造，树立了正确的人生观，走上了新的革命道路，相信科学，打破迷信。

1983 年，各村制定村规，广泛开展“五好家庭”“五好社员”“好媳妇、好婆婆”等评选活动以及“五讲、四美、三热爱”活动，文明新风尚在汜水兴起。

进入新时代，汜水镇坚持以习近平新时代中国特色社会主义思想为指导，践行社会主义核心价值观，培育文明乡风。以全镇为整体，以村为单元，建设新时代文明实践所 1 所，新时代文明实践站 14 个，组织志愿队伍开展文明实践活动。截至 2020 年 8 月，全镇有理论政策志愿服务队、文化文艺志愿服务队、卫生健康志愿服务队、科技科普志愿服务队、法律服务志愿服务队、生态环保志愿服务队、孝善帮困志愿服务队、扫黄打非志愿服务队、水上救援志愿服务队、直播代购志愿服务队、全域导游志愿服务队等 11 支志愿服务队，发展镇、村两级志愿者 2000 余人，累计开展志愿服务 5000 余次。围绕文明镇村创建工作，先后开展“道德讲堂”“宣传解读党的十九大精神”“推选好媳妇、好公婆、文明家庭”“健康知识宣传”“推动移风易俗，树立文明乡风”“四季风”等文明创建活动。截至 2019

郑州市级文明村东河南村新时代文明实践站 陈重孚 摄

郑州市级文明村南屯村　王红斌　摄

老君堂村党建广场　陈重孚　摄

年年底，汜水镇有东河南村、南屯村 2 个郑州市级文明村，新沟村、老君堂村、滹沱村、寥峪村、十里堡村、清静沟村、口子村等 7 个荥阳市级文明村。2020 年 4 月，汜水镇被中共荥阳市委、市政府评为“荥阳市文明乡镇”。

平安建设

2004 年以来，汜水镇扎实推进平安建设。建立健全社会治安综合治理、预防和处置突发事件、安全生产、法治宣传教育等组织机构，制定切实可行的平安建设工作方案。与各村、各单位签订平安建设工作目标责任书，明确专职政法工作责任人，压实工作责任。加强村治保委员会、调解委员会等群众自治组织建设，健全了综治、维稳工作网络，技防、人防有机结合，对重点区域、重点部位、重点时段实行重点监控，把握治安防范主动权。充分发挥农村党员、平安志愿者、义务巡逻队伍在村务监督、宣传教育、未成年人思想道

普法宣传　张晓莉　摄

青年普法志愿者法治文化基层行　张晓莉　摄

德教育、义务巡村、邻里纠纷调解、维护社会治安等方面的作用，有力地预防、控制和打击违法犯罪。“普法教育”进村入户。开展法律讲座和送法进农村、进社区、进学校、进机关、进企业普法活动，提高全民法治意识，各村均制定有村民自治章程和平安村村民公约，提高群众自我教育、自我管理、自我监督、自我服务、自我受益的意识和能力。全镇矛盾纠纷调解率达 100%，调解成功率达 98%。

乡镇建设

功能区布局

汜水镇规划形成“一心三区带七点，一轴一带拓全域”的空间布局结构。

一心——汜水镇镇区；

三区——农民创业园区、西邢村消防产业园区、历史文化游览区；

七点——滨河尚城社区、老君堂村、口子村、赵村、南屯村、寥峪村、十里堡村；

一轴——S312 城镇发展轴；

一带——沿黄旅游发展带。

规划全镇建设用地面积为 107.59 万平方米，人均建设用地 107.59 平方米。

居住用地面积 21.22 万平方米，占建设用地的 19.72%，人均 21.22 平方米。其中老镇区居住区用地面积 11.2 万平方米，容纳人口 0.45 万人，新镇区居住区用地面积 9.9 万平方米，容纳人口 0.55 万人。

公共设施用地面积 15.22 万平方米，占建设用地的 14.15%，人均 15.22 平方米。其中商业金融设施用地 2.58 万平方米，占建设用地的 2.40%，人均 2.58 平方米，行政管理用地 1.98 万平方米，占镇区规划建设用地的 1.84%，人均 1.98 平方米。汜水镇中学 1 所，小学 2 所，幼儿园 2 所，教育机构用地 6.27 万平方米，占建设用地的 5.83%，人均 6.27 平方米。医疗保健用地 1.42 万平方米，占建设用地的 1.32%，人均 1.42 平方米。文体科技用地 1.78 万平方米，占建设用地的 1.65%，人均 1.78 平方米。

生产设施用地主要为农民产业创业园（包括西邢村消防产业园），面积 35.20 万平方米，占建设用地的 32.72%，人均 35.20 平方米。工厂布局采用产业集群理念，同类企业聚集分布，形成联系紧密的簇群，以提高对外的整体竞争力，推进集约增长，提高单位土地的投

农民创业园区　陈重孚　摄

汜水镇镇区　周建功　摄

西邢村消防产业园区　陈重孚　摄

历史文化游览区　宋建峰　摄

S312 城镇发展轴　马健　摄

入产出效率，并以土地的集约节省生产成本。

仓储用地面积 7.89 万平方米，占建设用地的 7.33%，人均 7.89 平方米。仓储用地主要发展专业化末端配送服务，为农民产业创业园进出货物集散以及厂商在汜水镇采购和分销提供物流平台。

对外交通用地主要指 S312 用地，面积 1.23 万平方米，占建设用地的 1.14%，人均 1.23 平方米。打造以 S312、康泰路为主，汜（水）王（村）路、汜（水）竹（川）路、西南出镇通道（汜水西至高山西）等为辅的对外交通体系。

道路广场用地面积 19.61 万平方米，占建设用地的 18.23%，人均 19.61 平方米。作为山地丘陵区城镇，道路密度和用地比例较之平原乡镇偏高。

工程设施用地面积 1.68 万平方米，占建设用地的 1.56%，人均 1.68 平方米。

绿地面积 5.54 万平方米，占建设用地的 5.15%，人均 5.54 平方米。在建设文化公园的基础上，中心镇区建设 3 处公园，结合路边绿带、滨河绿带、步行通道的建设，加上其他小型公共绿地，形成点、线、面多层次的绿地系统。其中，公共绿地 5.16 万平方米（不包括文化公园），占建设用地的 4.80%，人均公共绿地 5.16 平方米，防护绿地达到 0.38 万平方米，占建设用地的 0.35%，人均公共绿地达到 0.38 平方米。

沿黄旅游发展带之一　石保定　摄

沿黄旅游发展带之二　石保定　摄

沿黄旅游发展带之三　石保定　摄

美丽乡村建设

2015 年以来，汜水镇先后投资 2000 余万元，实施美丽乡村项目，新建 1 座汜水河湾森林体验园，美化乡村道路 8 千米；新建广场游园 3 处、观光旅游设施 6 处；铺砌排水管道、水渠 6 千米；河道清淤治理 8.62 千米；绿化荒地 600 亩；种植景观树 2.6 万棵，新装路灯、景观灯 300 盏。

汜水村 汜水村是郑州市首批美丽乡村建设试点，建设项目总面积 2.4 平方千米，建设目标是“依托汜水村，重建汜水城”，按照古汜水县城图进行复古建设，将美丽乡村建设与虎牢关景区建设相融合，着力打造三国文化旅游品牌，引领汜水全域旅游发展。汜水村美丽乡村建设规划空间布局为“一街、两湖、三区”：“一街”即汉风一条街，在古汜水县主街旧址上建设一条仿古街道，重现古汜水县风貌；“两湖”即南部武湖和

美丽乡村——汜水村之一 周建功 摄

美丽乡村——汜水村之二　宋建峰　摄

美丽乡村——汜水村之三　王志鹏　摄

美丽乡村——南屯村之一　马健　摄

北部文湖，共250多亩，打造良好的生态环境；“三区”即休闲娱乐区、群众生活区、旅游观光区。

南屯村　2018年，南屯村围绕村级组织、乡村治理、产业发展、人居环境、生活幸福五大工程，以饮马沟项目为载体，按照风景区标准建设美丽乡村。截至2019年年底，新建8000平方米农耕园1处，1万平方米黄河党建苑1处，街头游园3处，绿化面积约23.33万平方米，村庄居住区林木覆盖率达到37.38%，80%以上农户家庭都实现了庭院绿化。

美丽乡村——南屯村之二　宋建峰　摄

道　路

连霍高速　连云港—霍尔果斯高速公路，在汜水镇境内从东向西经清静沟村、汜水村、老君堂村、周沟村、新沟村、南屯村、十里堡村、寥峪村、虎牢关村等 9 个村，里程约 7.5 千米。设计时速 70~120 千米每小时。

S312　又称沿黄快速通道，在汜水镇境内从东向西经过清静沟村、赵村、汜水村、口子村、虎牢关村、南屯村、十里堡村、寥峪村等 8 个村，里程约 7.84 千米。路面采用沥青混凝土结构，按照双向六车道建设，路基宽度为 33.5 米（东、西段），设计时速 60 千米每小时。

连霍高速路和陇海铁路　马健　摄

S312　王志鹏　摄

汜水镇乡道一览表

序号	路线名称	起点名称	讫点名称	路段路面类型	路面宽度/米	建成时间	最近改建时间
1	东河南（X028）—梧术沟	东河南	梧术沟	水泥混凝土	3.5	2008 年	
2	曹沟—曹沟	曹沟	曹沟	水泥混凝土	3.5	2009 年	
3	东新沟路口—西邢村（X028）	东新沟路口	西邢村	水泥混凝土	3.5	2017 年	
4	阎湾—滹沱村委	阎湾	滹沱村委	水泥混凝土	4.0	2015 年	
5	大路沟—上金线（X028）	大路沟	上金线	水泥混凝土	4.0	在建	
6	上金线（X028）—滨河尚城社区	上金线	滨河尚城社区	水泥混凝土	4.0	在建	
7	口子—楸树沟	口子	楸树沟	沥青混凝土	3.5	1997 年	
8	口子（Y028）—吴家沟	口子	吴家沟	水泥混凝土	4.0	1997 年	
9	口子—后沟	口子	后沟	沥青混凝土	4.0	1997 年	
10	田阏—薛坡	田阏	薛坡	水泥混凝土	4.0	2011 年	

续表

序号	路线名称	起点名称	讫点名称	路段路面类型	路面宽度/米	建成时间	最近改建时间
11	老君堂—仁信沟	老君堂	仁信沟	水泥混凝土	4.0	2004 年	
12	老君堂—老君堂	老君堂	老君堂	水泥混凝土	4.0	2005 年	
13	肖沟—武家阏	肖沟	武家阏	水泥混凝土	4.0	2006 年	
14	寥峪—程寨	寥峪	程寨	水泥混凝土	5.0	1998 年	
15	十里堡—巩义交界	十里堡	巩义交界	水泥混凝土	5.0	2000 年	
16	黄河滩—十里堡	黄河滩	十里堡	水泥混凝土	5.0	2017 年	
17	北屯—南屯	北屯	南屯	水泥混凝土	5.0	2018 年	
18	沿黄快速路—北门沟	沿黄快速路	北门沟	水泥混凝土	4.5	2016 年	
19	赵村（Y132）—汜水（X028）	赵村	汜水	水泥混凝土	4.0	2012 年	
20	赵家沟—口汜线（Y028）	赵家沟	汜水	水泥混凝土	4.0	2003 年	
21	西邢村—姚寨（C161）	西邢村	姚寨	水泥混凝土	3.5	2002 年	2012
22	西邢村—姚寨（C582）	西邢村	姚寨	水泥混凝土	4.0	2011 年	
23	新沟—新沟（C200）	新沟	新沟	水泥混凝土	4.0	2012 年	
24	新沟—新穆线（Y030）	新沟	穆沟	水泥混凝土	4.5	2008 年	
25	王家沟—龙泉沟	王家沟	龙泉沟	水泥混凝土	4.0	2013 年	2017
26	孙村路口—孙村	孙村路口	孙村	水泥混凝土	3.5	2009 年	
27	新穆线（Y030）—季家沟	新穆线	季家沟	水泥混凝土	4.0	2013 年	
28	赵村—黄河边	赵村	黄河边	水泥混凝土	5.0	2006 年	
29	周沟—新东沟	周沟	新东沟	水泥混凝土	4.0	1994 年	
30	周沟村—新东沟	周沟村	新东沟	水泥混凝土	4.0	1990 年	2005

铁 路

陇海铁路 在汜水镇境内从东向西经滹沱村、东河南村、老君堂村、周沟村、新沟村、南屯村、十里堡村、寥峪村等 8 个村，里程 8.53 千米。设计速度（改造）140~200 千米每小时，列车最高运营速度 160 千米每小时。

陇海铁路　石保定　摄

公共交通

1970 年，开通郑州—荥阳—汜水公交线路。

2003 年 6 月，汜水镇实施“村村通公交”工程，15 辆公交车投入运营。

2018 年 8 月，开通汜水镇—上街区公交线路。

2019 年 7 月，开通东河南村—荥阳火车站公交线路。

20 世纪 80 年代公共交通

汜水镇村村通公交工程 宋建峰 摄

供 水

汜水村中心供水厂占地面积2000平方米，建筑面积200平方米，水池容积400立方米，日供水200立方米，主要供给汜水村、学校、镇区商户及镇直单位等。其他各村生产、生活用水由各村自备井供水。

汜水镇中心供水厂 宋建峰 摄

供 电

1958 年，汜水开始有照明电，采用内燃机自发电。1959 年，开始架设高压线路。1960 年，滹沱、邢村、武闲等大队实现通电。1962 年，口子、虎牢关、东河南等大队实现通电。1966 年，赵村大队实现通电。1968—1973 年，新沟、南屯、十里堡、寥峪等大队实现通电。1980 年，荥阳供电公司汜水清静沟 35 千伏变电站建成。1998 年，全域实现户户通电。

清静沟变电站　宋建峰　摄

汜水镇供气工程　王秀清　摄

供　气

2014 年，汜水镇启动天然气基础设施建设工程。项目涉及滹沱村、清静沟村、西邢村、东河南村、老君堂村、周沟村、新沟村、十里堡村、赵村、寥峪村、口子村、南屯村、汜水村。

2018 年 12 月，汜水镇内实现天然气管网全覆盖。同时，宇明阀门集团有限公司、河南康泰药业集团公司实现工业天然气服务。

排　水

汜水镇共有小型污水处理站 41 个，污水处理厂 1 座，日处理污水 1200 吨。2019 年，投入资金 8058 万元，实施寥峪村、十里堡村、南屯村、新沟村、周沟村、老君堂村、东河南村、西邢村、滹沱村、清静沟村、赵村、口子村、汜水村、滨河尚城社区生活污水处理设施建设工程，惠及居民 6871 户。

汜水镇污水站　李林轩　摄

汜水河湾森林体验园　石保定　摄

绿 化

汜水镇公共绿地面积 25.48 万平方米，人均公共绿地面积 9.1 平方米，绿地率 35.17%，园林绿地面积 328.2 万平方米，绿化覆盖面积为 339.33 万平方米，绿化覆盖率 38.56%。

汜水河湾森林体验园位于镇区，占地面积 40.85 万平方米，其中，道路及广场用地 2.14 万平方米，水体用地 1.86 万平方米，绿地用地 12.33 万平方米，苗圃用地 24.52 万平方米。

环境卫生

1981 年，汜水人民公社成立爱国卫生运动委员会，主要街道卫生由社直部门分包，各大队卫生由大队分管，实行定期检查。进入 21 世纪以来，环境卫生条件不断完善。截至 2020 年，汜水镇共有环卫工 89 人，环卫转运车 5 辆，转运垃圾箱 180 个，日处理垃圾 28 吨，有垃圾中转站 4 个，公厕 7 座，有效覆盖辖区所有行政村。

汜水镇环卫降尘　石保定　摄

党建政事

中共荥阳市汜水镇委员会

1937 年，豫西特委委派汜水县张子三同志组建中国共产党汜水县中心县委。

1938 年，肖寨村党支部成立，为汜水县第一个党支部；9 月成立中国共产党汜水县中心党小组；10 月中国共产党汜水县委员会成立。

1939 年 8 月，中国共产党汜水县委员会划属中国共产党荥阳中心县委员会领导；12 月，中国共产党密县中心县委员会改称新密地委，领导汜水、荥阳、郑州、广武等 11 县党的工作，成立“抗日救国同盟会”，汜水县城设立合作办事处。

1944 年 10 月，中国共产党汜水县委员会、汜水县抗日民主政府成立，驻小寨村。

1948 年 4 月，中国共产党荥汜广县第四区委员会成立。

1949 年 10 月，中国共产党成皋县第四区委员会成立。

1994 年汜水撤乡建镇

1951 年 12 月，中国共产党成皋县第七区委员会成立。

1953 年 1 月，中国共产党成皋县第二区委员会成立。

1954 年 7 月，中国共产党荥阳县第十区委员会成立。

1955 年 11 月，撤区并乡，汜水改为中心乡，成立中国共产党汜水中心乡委员会。

1956 年 8 月，成立中国共产党汜水乡委员会。

1958 年 8 月，成立中国共产党汜水人民公社委员会。

1971 年 7 月，中国共产党汜水人民公社第一次代表大会召开。

1981 年 3 月，中国共产党汜水人民公社第二次代表大会召开。

1983 年，中国共产党汜水人民公社委员会改称中国共产党汜水乡委员会。

1985 年 1 月，中国共产党汜水乡第三次代表大会召开。

1989 年 11 月，中国共产党汜水乡第四次代表大会召开。

1994 年，撤乡建镇，中国共产党汜水乡委员会变更为中国共产党汜水镇委员会。

1996 年，中国共产党汜水镇第一次代表大会召开。

南屯村党群服务中心 王红斌 摄

虎牢关村便民服务中心　宋建峰　摄

2001 年，中国共产党汜水镇第二次代表大会召开。

2006 年，中国共产党汜水镇第三次代表大会召开。

2011 年，中国共产党汜水镇第四次代表大会召开。

2016 年，中国共产党汜水镇第五次代表大会召开。

截至 2019 年年底，中国共产党荥阳市汜水镇委员会下辖基层党组织 34 个，其中村级党组织 14 个，镇直党组织 2 个，机关党组织 1 个，非公企业党组织 17 个，党员 1562 名。

荥阳市汜水镇人民代表大会

1958 年，汜水人民公社第四届人民代表大会召开。

新沟村党群服务中心　李新华　摄

1961 年，汜水人民公社第五届人民代表大会召开。

1964 年，汜水人民公社第六届人民代表大会召开。

1981 年 1 月，汜水人民公社第七届人民代表大会召开。

1984 年 5 月，汜水乡第八届人民代表大会召开。

1987 年 4 月，汜水乡第九届人民代表大会召开。

1990 年 2 月，汜水乡第十届人民代表大会召开。

1993 年 2 月，汜水乡第十一届人民代表大会召开。

1996 年，汜水镇第十二届人民代表大会召开。

1999 年，汜水镇第十三届人民代表大会召开。

2002 年，汜水镇第十四届人民代表大会召开。之后，人民代表大会由 3 年一届改为 5 年一届。

汜水镇第一人大代表联络站 王红斌 摄

2007 年，汜水镇第十五届人民代表大会召开。

2012 年，汜水镇第十六届人民代表大会召开。

2017 年，汜水镇第十七届人民代表大会召开。

荥阳市汜水镇人民政府

1948 年 4 月，汜水地区解放，6 月荥汜广县政府建立，现汜水镇所辖 14 个行政村分属第四区和第五区管辖。

1948 年 10 月，荥汜广县撤销，其中广武、汜水合并成立成皋县，治设广武城，成皋县设 6 个区，现汜水镇所辖 14 个行政村分属第四区、五区、六区。

1951年11月，成皋县人民政府在汜水地区增设第七区（汜水区）。

1953年1月，成皋县第二区（古荥区）划归郑州市，第七区改称第二区。

1954年6月，现汜水镇辖区划入荥阳县，为荥阳县第十区。

1955年11月，撤区并乡，成立汜水中心乡。

1956年8月，汜水中心乡改称汜水乡。

1958年8月，汜水乡改为汜水人民公社管委会。

1983年6月，汜水人民公社管委会撤销，成立汜水乡人民政府。

1994年，撤乡建镇，成立汜水镇人民政府。

群团组织

工　会　2006年，郑州市总工会向汜水镇工会工作委员会下发工会法人资格证书。汜水镇工会作为汜水镇党委和政府联系职工群众的桥梁纽带，致力于调动辖区广大职工群众的积极性，组织和教育职工依法行使民主权利，维护职工合法权益，提高职工思想政治素质和文化技术素质，推动经济发展和社会全面进步。

共青团汜水镇委员会　1956年，中国新民主主义青年团汜水乡第一次代表大会召开。

1959年，中国共产主义青年团汜水人民公社第二次代表大会召开。

1960年，中国共产主义青年团汜水人民公社第三次代表大会召开。

1973年，中国共产主义青年团汜水人民公社第四次代表大会召开。

1979年，中国共产主义青年团汜水人民公社第五次代表大会召开。

1983年，中国共产主义青年团汜水乡第六次代表大会召开。

1985年，中国共产主义青年团汜水乡第七次代表大会召开。

1993年，中国共产主义青年团汜水乡第八次代表大会召开。

汜水镇妇女联合会　1952年，汜水镇妇女联合会成立。

2016年9月，汜水镇妇女第一次代表大会召开。

截至2019年年底，汜水镇妇联下辖基层妇联14个。

荣誉称号

汜水镇历年获得荣誉统计表

序号	时间	荣誉称号	颁奖单位
1	1995年	中州名镇	河南省建设厅
2	1995年	河南省改革发展建设综合试点镇	河南省委、省政府
3	1998年	河南省发展乡镇企业先进单位	河南省委、省政府
4	2014年	河南省历史文化名镇	河南省人民政府
5	2020年	河南省卫生乡镇	河南省爱国卫生运动委员会
6	2019年	河南省园林乡镇	河南省住房和城乡建设厅
7	1999年	经济综合实力三十强乡镇	郑州市人民政府
8	1996年	郑州市小康乡镇	郑州市委、市政府
9	2006年	“中州杯”竞赛活动先进单位	郑州市人民政府

镇域经济

LOCAL RECORDS OF SISHUI

农 业

全镇农业以小麦、玉米、谷子、豆类为主，兼种棉花、油料、瓜果。近年来，汜水镇农业结构调整步伐强劲，粮食生产稳中保基，黄河以北万亩滩地是农业发展得天独厚的资源优势。

1986 年，农作物播种面积 39264 亩，其中粮食作物播种面积 36748 亩，粮食总产量 626.38 万公斤。

1996 年，粮食作物播种面积 34680 亩，粮食总产量 890.8 万公斤。夏粮播种面积 17265 亩，总产量 537.4 万公斤；秋粮播种面积 17415 亩，总产量 353.4 万公斤（其中，玉米播种面积 12150 亩，总产量 287.8 万公斤，谷子播种面积 2685 亩，总产量 30.9 万公斤）。

2000 年，全镇农作物播种面积 37575 亩，其中粮食作物播种面积 34560 亩，夏粮播种面积 17265 亩，秋粮播种面积 17295 亩，粮食总产量 1006.1 万公斤。

2005 年，全镇农作物播种面积 36570 亩，其中粮食作物播种面积 30255 亩，夏粮播种面积 15480 亩，秋粮播种面积 14775 亩，粮食总产量 841.1 万公斤。

黄河滩地　石保定　摄

农田　王红斌　摄

秋收　王志鹏　摄

2010年，全镇农林牧渔业总产值11389万元，农作物总播种面积59640亩，粮食作物总产量1727.3万公斤，夏粮产量847.2万公斤，秋粮产量880.1万公斤。养殖水面30亩。生猪出栏12500头。肉类产量154.6万公斤，牛奶420万公斤。

2015年，农林牧渔业完成增加值19643万元，种植业播种面积48735亩，粮食总产量1523.3万公斤，夏粮产量846.4万公斤，秋粮产量676.9万公斤。肉类产量99万公斤，生猪年底存栏数1276头，禽蛋产量167.3万公斤，水果产量48.4万公斤。

2019年，粮食总产量1460万公斤，其中，夏粮产量735万公斤，秋粮产量721万公斤。

工　业

中华人民共和国成立前，以手工业为主，有炮坊10家、油坊2家、丝坊2家、烧坊1家、纸坊3家、烟坊1家、机坊3家，有裕民工厂、华严惠民工厂、予华印刷厂、恒裕卷烟厂4家小工厂。中华人民共和国成立初期，党委、政府号召农民从事工副业生产，参加修桥筑路，支援农业生产。1958年后，汜水人民公社社办工厂兴起，相继开办汜水翻砂厂、木业社、硫酸厂、凉席厂、利民铁工厂。1968年后，机械、化工、建材等工业均有发展，建起汜水广播器材厂、砖厂、化肥厂等。1973年后，工业发展速度加快，相继成立武闲加工厂、口子机械修造厂、新沟农机厂、汜水机械厂、赵村机械厂、清静沟机电修造厂、东河南修造厂、汜水化工厂、邢村机械厂、寥峪机械厂。1975年，汜水人民公社队办工业总产值314.4万元，利润79.9万元。1976年后，相继成立东河南油脂化工厂、新沟砖厂、武闲化工厂、武闲印刷厂、赵村砖厂、南屯砖厂，辖区工业企业产能进一步扩大。截至1979年年底，工业企业生产阀门12140台，单相插座14400个，机砖1000万块，吹灰机20台，抛煤机20台，刹车气管1000个，电瓶108个，纯酸28吨，工业总产值430.9万元，利润111.3万元。

20世纪80年代，经过不断发展，逐步形成以汽车制造、医药化工、轻纺印染、建筑设备、消防器材和阀门生产为代表的六大支柱产业。1986年，汜水乡有规模以上工业企业6家，年实现工业产值9.25亿元。河南少林汽车股份有限公司是农业部先进企业，河南省一级先进企业，全国客车生产企业六强；宇明阀门集团有限公司产品畅销全国；郑州利丰化工有限公司产品进入欧、美、日等国际市场。2002年，汜水镇跻身全省百强乡镇综合经济实力三十强。2005年，全镇工业企业总数563家，实现工业总产值22.56亿元，完成增加值 6.19 亿元。进入 21 世纪，汜水镇加强生态建设，淘汰落后产能，截至 2019 年年底，工业企业总数 128 家。

河南康泰药业集团公司 位于汜水镇汜水村。创建于 1985 年，前身是河南省荥阳市汜水镇精细化工厂，1993 年组建河南康泰药业集团公司，是化工部、医药管理总局定点生产第三代抗菌素喹诺酮类药物中间体的专业化生产企业，全国乡镇化工先进企业。产品畅销全国并出口美国、日本及东南亚地区。2002 年，通过国家临床试验的全国首家第三代抗菌药——甲磺酸加替沙星生产线投入生产，年产值达到 20 亿元。2005 年，研制开发国家一类新药甲磺酸加替沙星系列产品，工艺属国内首创，达世界先进水平。

宇明阀门集团有限公司 位于汜水镇南屯村。始建于 1972 年，前身是郑州市荥阳县黄河修造厂。2008 年，宇明公司成为全国阀门标准化技术委员会安全阀、球阀工作组组长单位，参与《低温介质用弹簧直接载荷式安全阀》《安全阀一般要求》《安全阀结构长度》《柱塞阀》等行业国家标准的修订工作。2008 年，被河南省质量技术监督局授予“全

河南康泰药业集团公司生产区 禹欣 摄

宇明阀门集团有限公司生产车间之一　汜水镇人民政府　供图

宇明阀门集团有限公司生产车间之二　王红斌　摄

省质量管理先进企业”称号。2014 年 8 月，宇明公司被河南省工商行政管理局授予“2012—2013 年守合同重信用企业”。2015 年 11 月，获得“中国核工业集团有限公司合格供应商证书”。2016 年，被郑州市政府评为“郑州市工业百高企业”。2020 年，自动化铸造生产线投入使用，主要生产截止阀、闸阀、止回阀、过滤器、栓塞阀等品种的阀门铸件，材质包括灰铸铁（HT200）和球墨铸铁（QT400、QT450) 等。

郑州市汜水黄河消防器材有限公司 位于汜水镇西邢村，创建于 1982 年，是河南省灭火器生产骨干企业。主要产品有手提式干粉灭火器、推车式干粉灭火器、水基型灭火器等系列产品 16 种。2017 年 4 月，被中国质量管理认证中心评定为中国质量诚信 AAAA 级品牌企业，同年 10 月获得了由公安部消防产品合格评定中心颁发的中国国家强制性产品认证证书。2018 年，被郑州市安全生产监督管理局确定为安全生产标准化三级企业，同年通过质量管理体系 GB/T 19001—2016/ISO 9001:2015 认证。

荥阳市金星助剂有限公司 位于汜水镇周沟村，创建于 1993 年。主要产品有偶氮、色淀、油溶等系列有机颜料，广泛用于油墨、油漆、塑料、橡胶、印花涂料色浆及文教用品等行业的着色。其中，3132 大红粉 W 占国内市场份额 85%，是华北地区有机颜料规模较大的生产商之一。2007 年，被荥阳市委、市政府评为荥阳市安全生产工作先进企业。

郑州市汜水黄河消防器材有限公司生产车间 王秀清 摄

荥阳市金星助剂有限公司生产车间　陈重孚　摄

旅游业

南屯饮马沟景区

位于汜水镇南屯村。紧邻黄河，景区占地 1500 亩，内有龙泉亭、成皋古道、钥匙沟、饮马亭和关羽、吕布雕像等景点及党建主题公园黄河党建苑。黄河在此处由西向东成之字形流势，水面变宽，为黄河较佳观景点。

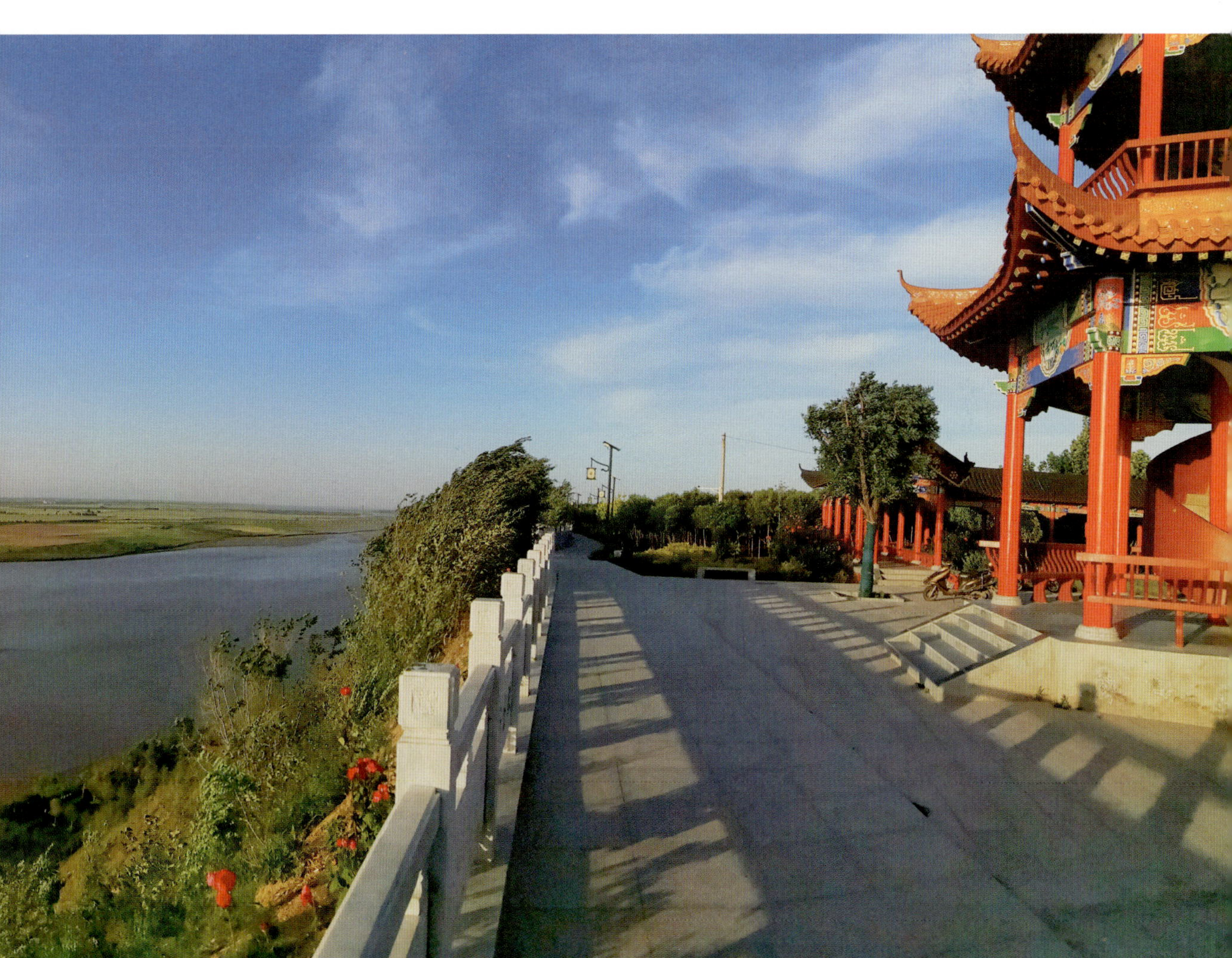

南屯村饮马沟景区之一　宋建峰　摄

南屯村饮马沟景区之二　石保定　摄

南屯村饮马沟景区之三　石保定　摄

虎牢关旅游区

位于汜水镇虎牢关村。紧邻黄河，是三国旅游线重要景点，郑州市级旅游区。汤王庙、汉高祖登基台、三义庙、吕布城、袁绍墩、华雄岭、张飞寨、绊马索、点将台、饮马沟、竹芦渡、岳阵图等古迹自西向东沿 S312 分布。

虎牢关旅游区之一 王红斌 摄

虎牢关旅游区之二　石保定　摄

寥峪九龙口滑雪场

位于汜水镇寥峪村，由郑州市九龙口生态农业有限公司负责运营。滑雪场总面积约 4 万平方米，有 3 条全长近 300 米的中级雪道，1 条全长 260 米的初级道，1 条 200 米雪上飞碟道，雪具 1500 套，1.6 万平方米水上游乐场，3 台室内滑雪机。

九龙口滑雪场　宋建峰　摄

新沟村生态游

位于汜水镇新沟村。新沟海棠花种植基地于2017年开始开发，发展养生康养产业和亲子游，占地面积700余亩，种植元宝枫、三角枫、青竹复叶等绿化景观花草林木1万多棵，红宝石海棠3.7万棵，西府海棠1.4万棵，美人梅2420棵、桃树4200棵、金叶榆1452棵。

新沟村海棠花种植基地 王红斌 摄

建成牡丹田 60 亩、芍药田 200 亩、海棠观赏园 60 亩，葡萄、石榴、桑葚等优质水果种植园区 360 亩。2019 年，引入河南玉鼎金谷生态农业旅游有限公司，投入资金 600 万元，建设鸵鸟观赏园，开发鸵鸟养殖、观赏生态游。

新沟村鸵鸟观赏园 李新华 摄

文物胜迹

LOCAL RECORDS OF SISHUI

聚落遗址

新沟遗址

新沟遗址位于汜水镇东河南行政村新沟自然村村北岭地上，东临汜水河谷，西、南侧临自然沟，南北最长约500米，东西宽500米，面积约15万平方米。

遗址地处浅山丘陵区，原来地势中部高、四周低，后来平整土地形成梯田。近南端尚存一段夯土寨墙。遗址地面发现较多的陶片。在遗址中部及北部有灰坑及文化层分布，灰坑有袋状坑和不规则形坑，坑内填土为黑灰土，土质较松，包含物丰富。文化层厚1~2米，黄褐土，夹红烧土块，土质较松，采集有陶片、石器等。陶质有泥质陶和夹砂陶两种；陶色主要有红、灰等；纹饰有划纹、弦纹、素面等。器型有陶罐、杯、环、瓮、钵、小口尖底瓶、鼎等。

根据所采集的遗物及器型特征分析，该遗址为一处仰韶文化时期遗存。

新沟遗址 王秀清 摄

新沟遗址陶器标本

清净沟西嘴遗址 陶器标本

清静沟西嘴遗址

清净沟西嘴遗址位于汜水镇清净沟村南西嘴，北依连霍高速公路，南侧崖下为汜水镇至上街区公路。该遗址位于汜水河东岸台地上，西临马家阳自然村，连霍高速公路从北部穿过，东西长 250 米，南北宽 200 米，面积 5 万平方米。

清静沟西嘴遗址 宋建峰 摄

遗址地处高岗台地，地势东高西低呈斜坡状。在遗址南侧、西侧断崖上发现有文化层及灰坑分布，文化层厚 1.5~2 米。灰坑有袋状坑、筒状坑及不规则形坑，坑内填土为黄褐土和黑灰土，夹杂有烧土块及炭粒，遗物丰富。采集陶片之陶质有泥质陶和夹砂陶；陶色以灰陶为主，红陶次之；纹饰有方格纹、绳纹、篮纹等。器型有陶罐、盆等。

该遗址包含仰韶、龙山文化时期遗存，以龙山文化时期遗存最为丰富。

滹沱遗址

滹沱遗址位于汜水镇滹沱村南，南临汜水河，陇海铁路从遗址区呈东南—西北向穿过。东西长 350 米，南北宽 200 米，面积约 7 万平方米。

在陇海铁路线南侧发现有灰坑及文化层分布。灰坑多为筒状坑和不规则形坑，坑内填

滹沱遗址 宋建峰

滹沱遗址陶器标本

翠屏山遗址陶器标本

土为深灰土和黑灰土，土质较松，包含物丰富。文化层厚2~5米，灰褐土，土质较松。采集有陶片、兽骨等。陶质有泥质陶和夹砂陶两种；陶色主要以灰陶为主；纹饰以绳纹为主，附加堆纹、弦纹次之；器型有陶罐、盆、鬲、大口尊等。在陇海铁路线北侧采集有红陶片，并发现有文化层。

该遗址包含仰韶文化和商代遗存，其中以商代遗存为主。

翠屏山遗址

翠屏山遗址位于汜水镇周沟村东南台地，汜水河与其支流鄤溪交汇处的西部，南临连霍高速公路。南北长约300米，东西宽约200米，面积总计约7万平方米。

遗址地处山冈台地，地形较为复杂，主要由东部2块小台地和西部1块大台地三部分组成。在遗址区3块台地断崖上均发现有灰坑，灰坑形状有袋状和不规则形，填土为浅灰土和深灰土，土质较松。地面采集有陶片，陶质有泥质陶和夹砂陶；陶色有彩陶、红陶和灰陶；器表面有绳纹、附加堆纹和素面等；可辨器型有陶罐、钵、鼎、大口尖底瓶、浅腹罐、鬲、大口尊等。在西部台地断崖剖面，发现1座商代土坑竖穴墓，葬式为仰身直肢，头向北，在头骨一侧殉葬2件陶器，其中1件为绳纹夹砂陶罐，另1件为素面泥质陶盆。

据采集的文化遗物判断，翠屏山遗址包含仰韶文化和商代文化遗存，其中商代文化遗存较丰富。仰韶文化遗存在3处台地上均有分布，商代文化遗存主要分布在西部台地上。

翠屏山遗址　宋建峰　摄

城、寨、关隘遗址

成皋城址

成皋城址位于荥阳市西北大伾山上，北濒黄河，西部与南部临深涧，东南控扼虎牢关，东部临汜水河谷地，西城墙南北端间长近 800 米，南城墙西段存长约 300 米。

成皋城位于大伾山顶，地形险要。据北魏郦道元《水经注》记载："成皋县之故城在伾上，萦带伾阜，绝岸峻周，高四十许丈。城张翕险，崎而不平。"据实地考察，城址平面形状很不规则，大体上南边短，北部濒河处长。由于东城墙和北城墙早已沦于河水，其位置和规模不明，地上遗迹明显者为西城墙和南城墙。西城墙为西北—东南走向，北起河边，南至南墙交界处长近 800 米；南城墙在西南角向北内收后折为近东西走向，断续分作数段，西段保存较好长约 300 米。西墙宽大、突兀，一般高 2~5 米，最高处超过 10 米，墙基一般宽 20 米左右，最宽处约 40 米，夯筑，夯层明显，厚度在 0.06~0.13 米之间，夯窝圆形，底有圜、平两种，以平底居多。夯筑水平较高，至今仍矗立于大伾山巅。城内除西部为较平坦的农田外，东部沟壑密集，内有村庄分布，在田地上散落有东周至汉代等时期的陶片，断崖上发现有灰坑等遗迹。

成皋城是一座久负盛名的古城。当地俗称该城为吕布城，西城墙为跑马岭，西门处为吕布点将台。战国时期韩灭郑后，东方有魏国威胁，西方有强秦袭扰，而韩在黄河之北以上党为中心还有一片土地，称为“上地”。自韩都新郑至上党之间的唯一通道是西起什谷（巩义东），东至亥谷（今郑州北）不足百里的狭窄地带。为此韩国在这条通道的东、西两侧各筑一城以资防守，东面为荥阳城，西边的就是成皋城。成皋城修筑时间大致在韩哀侯二年至韩襄王元年（公元前 375—前 311 年）。

成皋城地处东部平原与西部丘陵山区交接带上，控山带河，居高临下，易守难攻，是东出平原、西进关中的门户和孔道，被称作“成皋之口”“成皋之道”，以至有“绝成皋之口，天下不通”之说，军事战略地位极为重要。据《史记》记载楚汉战争中，刘邦与项羽战荥阳，争成皋之口，大战七十，小战四十。汉朝建立，于成皋城西北角筑小城为成皋县治。即郦道元《水经注》所记载：“城西北隅有小城，周三里，北面列观，临河苕苕孤

成皋城址 马健 摄

上。”初唐武德四年（621 年），秦王李世民抢先占领成皋城一带战略要地，大破窦建德，取得了巩固唐政权的关键胜利。

成皋城自西汉为成皋县治所，历东汉、三国曹魏、西晋、北魏、东魏、北齐、北周和隋代等朝代，曾为县、郡、州治所，长期为地方的行政中心。

1987 年 5 月，被荥阳县人民政府公布为荥阳县文物保护单位。2006 年 6 月，被河南省人民政府公布为河南省第四批文物保护单位。

汜水城址

汜水城址位于汜水镇汜水村周围，一部分在山下，一部分在山上，总面积约 45 万平方米。

城址现存遗迹主要有护城堤、夯土城墙及城内部分街道和老房屋等建筑。护城堤分东、南、西、北 4 段，首、末分别与山体相抵，走向随汜水河而定，全长 2200 余米，由黄土夯打而成，上窄下宽，横截面为梯形。夯土城墙主要分布于城址东侧山上，大体为西北至东南方向，现存主要为断续的 4 段，其中偏南一段最长，全长约 400 米。一般宽 2~4 米，最高处约 5 米，夯层较清晰，厚约 0.2 米。

1954 年 6 月，成皋县撤并入荥阳县。从此，汜水城结束了长期作为地方县级行政中心的地位。

1987 年 5 月，被荥阳县人民政府公布为荥阳县文物保护单位。

汜水城址——城墙

虎牢关

位于荥阳县城西 15 千米汜水镇西部，又名武牢关、成皋关、汜水关和古崤关、旋门关。此关南连嵩岳，北濒黄河，山岭夹持，形势险要，为天下雄关之一。公元前 10 世纪，周穆王在郑州圃田射猎，有“高奔戎生擒虎而献之”，穆王命将此虎圈此豢养，因名“虎牢”。春秋鲁隐公五年（公元前 718 年），晋成公令筑虎牢城，以威逼郑国。秦在此设关，始称“虎牢关”，成为历代兵家必争之地。秦末，楚汉争霸曾在此长期进行攻守战；汉灵帝中平元年（184 年），于此设旋门关，为“汉八关”之一。“五胡十六国”时期，成为匈奴族刘渊、羯族石勒、鲜卑族慕容氏、氐族苻洪、羌族姚弋仲等互相争夺的战场；唐初李世民在此以 3000 雄兵大胜窦建德 10 万大军，即著名的“武牢之战”；近代，1853 年，太平天国林凤祥、李开芳率军北伐挺进虎牢关，出奇制胜，击溃清军 1.2 万人；《三国演义》中著名的“三英战吕布”的描述，使这里成为令人向往的名胜之地。

现在关前竖有莲座碑 1 通，清雍正九年（1731 年）立，碑高 2 米，宽 0.7 米，楷书“虎牢关”3 个大字，字迹鲜明，百步入目。这座令无数英雄尽折腰的雄关，现今仍为人们凭吊观览的胜地。

1987 年 5 月，被荥阳县人民政府公布为荥阳县文物保护单位。

虎牢关碑 石保定 摄

张飞寨遗址

张飞寨（又称张飞城）遗址位于汜水镇虎牢关村南睡虎山上，四面临断崖，在东、西、北侧崖下依山分布着村庄。汜水河在其东侧南北向流过。南北长约 500 米，东西最宽约 300 米，面积约 12 万平方米。张

张飞寨遗址　石保定　摄

飞寨为一突兀的不规则形台地，居高临下，控扼着虎牢雄关的通行。以传说张飞曾在此筑寨屯兵而得名。现地表已无寨墙，全部为农田。张飞寨遗址（西—东）遗址地表散落有陶片等遗物，周围不少断崖上发现有文化层和灰坑。文化层一般厚 2 米左右，包含物较丰富，灰坑深一般在 1.5~2.5 米。采集的陶片有素面、磨光、彩陶，纹饰有绳纹、篮纹、方格纹、划纹等，可辨器型有小口尖底瓶、高领瓮、缸、钵、罐、盆及绳纹板瓦和筒瓦片等。荥阳市文物保护管理所于 2003 年进行文物调查时，还曾在台地南端发现夯筑基址，应是古寨

张飞寨遗址陶器标本

（城）墙遗迹。夯土呈红褐色，夯窝为圆形圆底，土质较纯净，十分坚硬。张飞寨遗址，延续时间长，文化内涵丰富，从采集标本看，文化遗存除东周文化遗存较为突出外，还有仰韶文化、龙山及汉代文化遗存。

1987 年 5 月，该寨作为虎牢关的一部分，被荥阳县人民政府公布为荥阳县文物保护单位。

凤凰寨遗址

凤凰寨遗址位于汜水镇老君堂村东岭地上，东临东河南村，北临陇海铁路，东、西两侧均为汜水河谷地。因遗址处原有一座凤凰寨，故名。东西长 500 余米，南北宽 400 余米，面积 20 万平方米。

遗址地处浅山丘陵区，地势中部高、四周低。在遗址区地面采集到少量的绳纹陶片。在遗址东部断崖处发现灰坑一处，形状不明，坑内填土为浅灰土，土质较松，采集到陶片、

凤凰寨遗址　宋建峰　摄

凤凰寨遗址陶器标本

兽骨、石块等。陶片陶质有泥质陶、夹砂陶；陶色主要以灰陶为主；纹饰有绳纹、方格纹、篮纹、弦纹等。器型有罐、鼎、甑、豆等。

遗址持续存在时间较长，文化内涵丰富，是荥阳市近年发现的一处以夏代早期文化遗存为主，并兼有仰韶、西周、汉代文化遗存的重要古文化遗址。

古建筑

等慈寺

等慈寺位于汜水镇赵村东南原上，创建于唐贞观（627—649 年）初年。系奉唐太宗李世民之命在武牢之战的发生地为纪念双方战死的官兵而建的皇家寺院。

唐武德四年（621 年）的武牢之战，秦王李世民以弱少兵力，战败了数十倍于己的窦建德军队，并生擒窦建德，从而奠定了唐朝统一中原的基础。李世民称帝后，为追念战死的部众，也为昭示其仁慈之心，将双方战死官兵之尸骨集中掩埋，建寺超度，名曰等慈。

民国 17 年《汜水县志》等慈寺老照片

等慈寺遗址　宋建峰　摄

等慈寺建成时，由颜师古撰书《大唐皇帝等慈寺之碑》，记述了武牢之战的情况及创建等慈寺的目的。唐高宗李治于显庆四年（659 年）率群臣登临等慈寺，追忆先人功绩并亲自撰文书丹，刻《大唐纪功颂》碑立于寺内。

经过后世历代的不断修缮，特别是经清代光绪年间的重修，迨至民国时期，仍然小有规模，房屋幢幢，碑楼鹤立，以“野寺穹碑”之名，成为当时汜水县的十景之一。

寺院修筑于 20 世纪 40 年代毁于炮火，碑刻在 50 年代被砸毁，只存部分残石，现保存于安阳市中国文字博物馆。

三义庙

三义庙位于汜水镇虎牢关村，面对虎牢关，背对伏蛟山。原有大殿和配殿等建筑。20 世纪末做过较大规模的修缮。

明代，庙内大殿祀刘备、关羽和张飞三人。自清代雍正皇帝下旨褒奖关羽，关羽地位大大提升，使其独享尊位，因此又称三义庙为关帝庙。

三义庙 石保定 摄

牛氏祖地旧址

牛氏祖地旧址又名打锅台，对锅台。位于荥阳市汜水镇十里堡村南。现存古旧房屋2所：正房坐北面南，为一复合式建筑，其北部为青砖券砌之窑洞，平顶；南部从外边看为两面坡顶，而内部一坡搭于北房之南檐，构成一拜殿。东侧存厢房1所。

牛氏乃汜水之望族，俗称打锅牛。据传元末明初，有一支牛氏自外地迁来此处建房居住。后来，由于社会动荡、人口太多、聚居不易等原因，需要外迁分离。当时有堂兄弟18人，商量后决定，为便于日后相认，遂将一口铁锅打碎，分成18片，每人各持一片，然后投亲访友而去。因此，他们的后人自称为十八锅牛家和打锅牛家，简称打锅牛。从这里走出去的打锅牛家后裔分布国内外许多地方，颇有影响，近年来不少人来此寻根问祖。

2004年5月，该宅以牛氏祖地旧址名称被荥阳市人民政府公布为荥阳市第二批文物保护单位。

牛氏祖地旧址 王红斌 摄

古墓葬

清静沟墓地

清静沟墓地位于汜水镇清静沟村东南一带。1991 年，为配合郑、汴、洛高速公路建设，荥阳县文物保护管理所在前期调查中，曾发现不少汉代墓葬及其遗物。1992 年春，荥阳县文物勘探队对沿线部分重点区域进行文物勘探时，又发现古墓葬 100 余座，且多为汉代墓葬。同年 5 月 14 日至 6 月 19 日，郑州市文物工作队和荥阳县文物保护管理所联合对其中的大部分墓葬进行了考古发掘。这些墓葬，可分大、中、小三种类型，一般深度在 4~6 米，多为洞室墓，有土洞和砖室之别。出土了一批汉代陶器、铜器、铁器等文物。

清静沟墓地遗址 宋建峰 摄

等慈寺碑　马建国供图

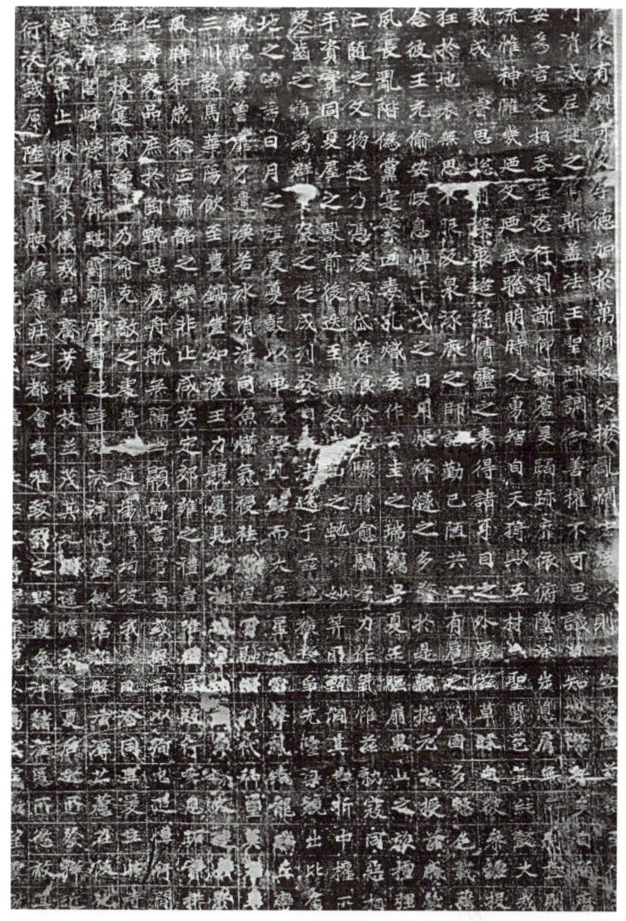

等慈寺碑　马建国供图

碑　刻

等慈寺碑（唐）

等慈寺碑原在荥阳市汜水镇，20世纪50年代被毁，1961年将残块移至郑州市博物馆。原碑高4.7米，宽1.5米。唐颜师古撰文并书丹，无立碑年月。碑文楷书。32行，行65字。碑额阳文篆书“大唐皇帝等慈寺之碑”。碑文记述隋末的社会动荡和经济崩溃的局面以及唐太宗破王世充、窦建德，建寺为阵亡将士祈福。该碑书法结体横平，运笔不滞，楷书带魏书遗韵明显而具独到之美。杨守敬《评碑记》云：“结构全法魏人，而姿态横生，劲利异常，无一弱笔，直堪与欧、虞抗衡。”清道光年间补刻跋文。

大唐纪功颂碑（唐）

大唐纪功颂碑原在荥阳市汜水镇等慈寺内，20 世纪 50 年代被毁，1961 年将残块移至郑州市博物馆保存。碑原高 4.5 米，宽 1.9 米，唐显庆四年（659 年）刻，碑文行草书。35 行，每行 70~72 字不等。碑额飞白书“大唐纪功颂”5 字。碑阴有后来刻的唐玄宗李隆基《东封过汜》诗。此碑为唐高宗李治东巡亲临许郑讲武时，过太宗擒窦建德处，缅怀功业而立，高宗亲自撰文并书。该碑笔力雄健挺拔，运笔便捷，气势疏朗，笔画刚柔相济。额飞白书，矫若游龙。整篇纵逸潇洒，颇得晋人风韵。同时加之石质润实，刻凿精细，被誉为“三绝碑”。《中州金石记》评其书法：“字亦奇伟。”

大唐纪功颂碑 荥阳市博物馆藏品

大唐纪功颂碑　荥阳市博物馆藏品

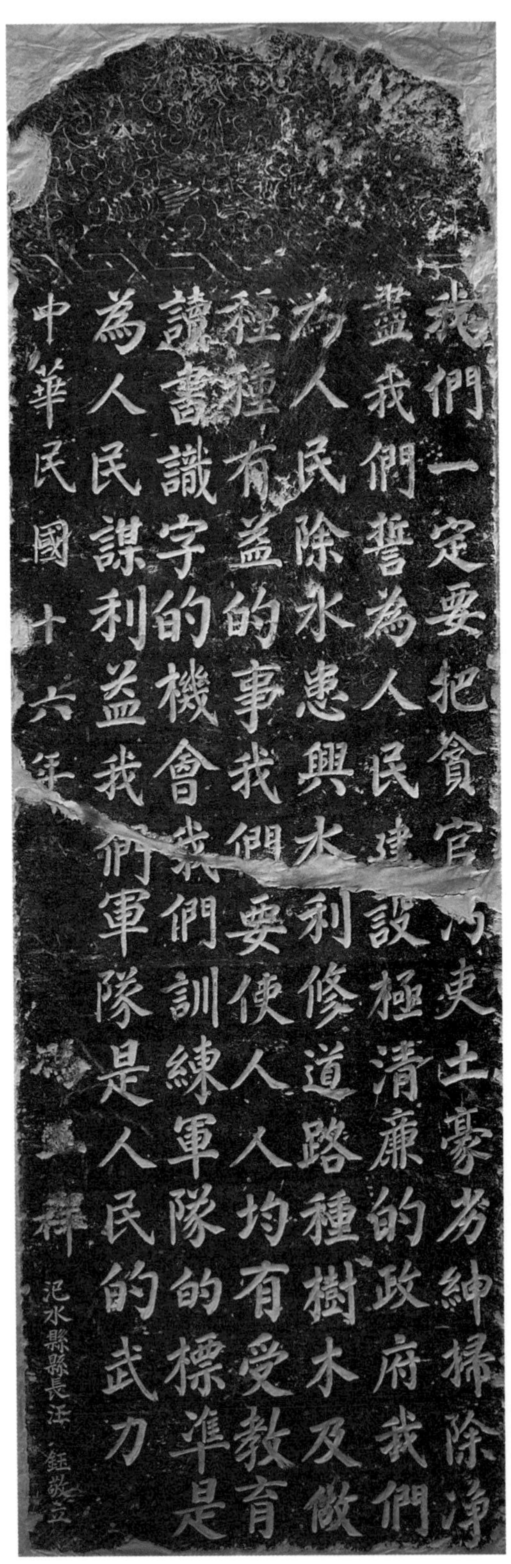

冯玉祥语录碑　荥阳市博物馆藏品

冯玉祥语录碑（民国）

冯玉祥语录碑位于汜水镇原汜水火车站内，现存荥阳市博物馆。此碑刻于中华民国 16 年（1927 年）。该碑原由碑身和碑座两部分组成。碑身长 1.94 米、宽 0.62 米、厚 0.15 米。碑身半圆首，中下部刻冯玉祥主政河南的施政纲领。末署“中华民国十六年冯玉祥”及“汜水县县长汪钰敬立”。此碑对了解 20 世纪 20 年代冯玉祥任河南省政府主席期间的施政纲领等，有一定的历史价值。1987 年，被荥阳县人民政府公布为荥阳县文物保护单位。

特色文化

LOCAL RECORDS OF SISHUI

非物质文化遗产

黄河玉门号子

相传古时大伾山与广武两山相接，汜水河由此穿门而过，故曰玉门。玉门古渡为黄河著名渡口，位于今汜水镇口子村，曾是汜水十景之一。

玉门古渡是黄河水运、隋唐大运河的重要节点之一，黄河玉门号子具有鲜明的地域色彩。2009 年，“黄河玉门号子”被列入河南省省级非物质文化遗产名录。

玉门古渡 石保定 摄

黄河玉门号子现存有撸船、起锚、摇拢、拉纤、打蓬、满号、外外等十多种曲调。既有“下江”（江淮水运）的情调，又有“上河”（秦晋河洛水运）的神韵。这些历经沧桑流传下来的曲调，雄浑悠长，气势激昂。其音乐粗犷原始，不加修饰，一领众合，行腔自由，音调视行船状态和水情风势而转换。歌词采自历史故事、神话传说和戏曲情节，与号子曲调音乐意境交融成一体。主要曲目有“杨二郎担山赶太阳”“小秦王一马破重围”“五虎上将赵子龙战长坂坡”“诸葛亮七星台借东风”“杨六郎镇守边关岿然不动”等。

千古以来处于船工们行船时即兴演唱曲调，20 世纪 80 年代，为抢救文化遗产，荥阳市文化馆对老船工进行了录音，并整理记谱。

黄河玉门号子　汜水镇人民政府　供图

范记烧饼夹

传说三国时期，刘、关、张三英战吕布于虎牢关外，鏖战数日未决胜负，人马疲惫，双方休战。战场上食物匮乏，张飞粗中有细，命兵士杀马以大锅煮之，取盾牌至于火上，和面揉成饼状放至盾牌上烤熟。少顷，肉熟饼脆，兵士以肉夹饼中食之，体力大增。旋即再战。自虎牢关之战后，这个吃法被保留下来，但是肉被换作了猪肉。清朝时期，煮肉时又加入中药及各种调味料数十种，肉熟后更加香味扑鼻且肥而不腻。烧饼也数度改良，加入了香油、芝麻等物，外焦里嫩。

范记烧饼夹是荥阳地区非常有名气、覆盖周边许多城镇的传统食品，味道鲜美、营养丰富又不肥不腻，深受群众的喜爱。2019年2月，范记烧饼夹被列入郑州市非物质文化遗产名录。

其加工制作考究，在选料时，精选优质猪头肉及猪下水，用清水浸泡五六个小时，把肉内的血水泡出，经过焯、揉等环节。煮肉时用旺火煮一个小时，然后小火焖泡十个

范记烧饼夹 石保定 摄

小时左右。煮肉时配有大茴香、小茴香、花椒、白芷、丁香、桂皮等几十种调料及性温的中药药材，装入纱布袋放入锅内，从而使肉味道鲜美不变。肉煮熟后捞出凉晾，温度掌握是关键。天热时，肉不能过热；天冷时，肉不易过凉。温度一般控制在 20~30℃。肉的温度过高容易变质，温度过低肉味道不鲜。

范记烧饼夹 王秀清 摄

汜水五大名吃

汜水五大名吃扒猪脸、烧饼、卤肉、鸡蛋汤、丸子，是汜水镇颇具特色的传统美食。2018 年 5 月，五大名吃全部被列入荥阳市非物质文化遗产名录。

扒猪脸 用于作扒猪脸的猪头一般呈三角形，三边长约 30 厘米到 40 厘米，厚度约为 15 厘米。卤肉与扒猪脸的主要区别在于时间、火候、汤料，扒猪脸需要更大的火候、更久的时间、更多的配料。肉感酥香鲜美、肥而不腻、胶糯香滑。半个猪脸配上烧饼、辣椒圈、葱段，食客们可自主切肉夹食。

烧 饼 汜水镇的烧饼呈圆形，直径约 16 厘米，厚度约 1.5 厘米，饼重约 200 克，具有色泽焦黄，外酥内绵，香酥可口的特点。

卤 肉 用猪头、下水（内脏）洗净后，置于卤汤中，急火烧开，温火慢炖。该汤配有多种佐料，长年不断，随时加水加料，称之为百年老汤。汜水镇卤肉具有肥而不腻，香脆可口的特点。

汜水五大名吃之烧饼 王秀清 摄

汜水五大名吃之卤肉 王秀清 摄

鸡蛋汤 是一款简单的汤类美食，由胡椒、鸡蛋、黄花菜、木耳等20多种食材熬制而成。汜水镇鸡蛋汤的特点在于使用大量的胡椒粉和醋，有暖身提神、爽口开胃的功效。制作时先炝锅翻炒食材，后加清汤烧开后打入鸡蛋液，最后勾入淀粉水及调味料起锅完成。

丸　子 汜水镇丸子是绿豆杂面丸子，选用当地种植的上等绿豆作主料，由11种调料和本地种植的笨萝卜经过除水、晾晒，然后混合、搅拌制作，炸好后煲汤，成为汜水镇当地一道特色美食。

汜水五大名吃之鸡蛋汤　李新华　摄

汜水五大名吃之丸子　马健　摄

风土民情

LOCAL RECORDS OF SISHUI

生活习俗

婚　俗

中华人民共和国成立前，男女结婚，讲究“父母之命，媒妁之言”。婚前互不谋面。媒人提亲，父母作定。然后过小契（即换东西定婚），准备结婚时转大契，择吉日，男家备办彩礼到女家送“好”（把准备结婚的日子告诉女方）。女方父母置办嫁妆。结婚前一天，女方送嫁妆。男方送彩礼，以便择日准备迎娶。吉日，男女请当地知名人士做“引客”、请炮手，备花轿到女家娶亲。结婚大都坐花轿，但家境贫寒者，备不起轿则简办。若两家相距较远，则实行迎亲。双方约定时间，定地点用牲口把新娘送至半途，由男方迎娶回家。

中华人民共和国成立后，提倡婚姻自主，自由恋爱，大多是由介绍人介绍，男女双方互相了解，确定关系，到人民政府办理结婚登记手续。20 世纪 80 年代，择偶开始重视文凭，通过发布征婚启事或经婚姻介绍所介绍寻找伴侣。结婚时尚的“三大件”由 70 年代的“三转一响”[自行车、手表、缝纫机、收音机（后为录音机）]，演变为电视机、电冰箱、洗衣机。90 年代，又增加了摩托车、录像机（影碟机）、组合柜等。进入 21 世纪，相亲、交友形式多样，婚礼有举行婚宴、集体结婚、旅行结婚等，婚姻习俗与时俱进。

20 世纪 90 年代初汜水婚俗　汜水镇人民政府　供图

做满月

亲朋庆贺新生婴儿出生满月，称做满月或齐客。在新生婴儿出生后第三天，向媳妇娘家及亲友报喜送面条，5 天以后媳妇娘家及较为亲近的亲友，带鸡蛋或其他补养品探望，并确定做满月的“齐客”日期。做满月当天，媳妇娘家及亲朋好友，带小孩做衣服的布料、婴儿成衣、毛毯、脸盆、帽子、长命锁、百岁钱等前来祝贺，主家摆宴待客。

岁时节俗

春　节

汜水镇从腊八到正月二十统称为过春节。

腊八，这一天吃腊八粥，八宝饭。用红薯、大枣、花生、豇豆、黄豆、绿豆、大米、小米等煮成。

腊月二十三，家家户户要祭灶。外出的人在这一天都要赶回家去，晚上烧香、放炮、敬神，把“灶君”取下烧掉，送它“升天”。习俗是“女不祭灶”，一般由一家的男性家长作代表，向灶神祈求“上天言好事，回宫降吉祥”。现在已经不再烧画像，但二十三归家的习俗依旧保持。

“二十四扫房室”，为迎春节的卫生大扫除。

“二十五割豆腐，二十六割块肉，二十七杀年鸡”，准备年菜。

“二十八贴嘎嘎”，贴春联、门画。

“二十九蒸馒头”，昔日汜水新媳妇春节走娘家，携带大油糕（大馒头），每个5~10公斤。现在代之以水果、饮料和牛奶等。

腊月三十（或二十九），这天下午有上坟习俗，寄托对故人的思念。晚上称“除夕”，人们要熬年（熬夜），表示对过去一年的依恋不舍，也叫“辞岁”。晚上烤柏枝火，传说可以消病免灾。凌晨，全家人围坐炉旁，边包饺子边谈家常，为新的一年作打算。

初一年饭，根据家庭条件，备办丰盛菜肴，全家会餐，下午游玩。这天不劳动，“男不拿笤帚，女不动针线”，牲畜也歇息，俗语说“大年初一，骡马敬役”。

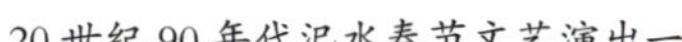

20世纪90年代汜水春节文艺演出一

20世纪90年代汜水春节文艺演出二

初二开始走亲戚，这天新婚夫妇去岳父家拜年。

正月初五俗说“破五”，意指正月初一到初四有很多忌讳，如忌打破碗、盆、缸等；打破了会说“岁岁平安”，岁取碎的谐音，取个吉利的意思。

元宵节为灯节，又叫上元节，传统习惯是正月十四、十五、十六3天，而十五是正节日，家家户户为小孩制作灯笼。十六要吃油炸食品，到闹市游玩，俗称“油六”或“游六”。本地的秧歌、旱船、高跷、舞狮等民间文艺队应邀演出，观者如潮，热闹非凡。

正月十九称小年下。俗说十九封口，早饭家家吃饺子，谓之“封口”。意指年节已尽，以后将进入农事活动。

二月二

民间传说，每逢农历二月初二，是天上主管云雨的龙王抬头的日子，从此雨水逐渐增多。因此这天也叫“春龙节”，民谚有“二月二，龙抬头”之说。这天要吃爆玉米花、炒豆，中午吃油炸食品。

清明节

民间称为“早清明”，指清明节前要早几天上坟，最迟不能超过清明节中午，踏青扫墓，祭祀先人。

端午节

农历五月初五为端午节，人们习惯门上插艾枝，佩戴香囊、吃粽子。小孩子穿绘有蝎子、蟾蜍、毒蛇、壁虎、蜈蚣的黄色衣服，手腕、脚腕拴五色线，传说可祛除毒虫叮咬。

七　夕

即农历七月七日夜，相传为牛郎、织女鹊桥相会的日子。女子对月穿针，向心灵手巧的织女求教，所以又叫“乞巧节”。

七月十五

农历七月十五日，为“中元节”。当天家家户户备办祭品上坟祭祖。

中秋节

俗称“八月十五”。农历八月十五日，天高气爽，明月高照，人们有赏月习俗，亲友互送月饼，祝愿节日愉快、幸福团圆。

重阳节

农历九月九日，称“重九”，亦称“重阳”，九为阳数，谐音长久，秋高气爽，宜外出远足登高游玩，也称老人节。

十月初一

又称“寒衣节”，俗话有“十月一，晚上坟”的说法，十月一日之后，农事已了，进入农闲季节，有暇回忆祖上恩德，表示悼念。

冬　至

二十四节气之一，俗称“交九”。时令进入严冬、家家户吃饺子，说是吃了不会冻坏耳朵。

方言土语

太阳　日头儿。

月亮　月奶奶、月明。

打雷　响呼雷、打呼雷。

闪电　打闪、打忽闪。

小雨　滴星儿、蒙僧雨儿、箩面雨。

雷阵雨　窟窿雨。

冰　冬隆、冬凌、冰凌。

丘陵　土岭、岭地。

山顶　山头、山脊、山尖儿。

山腰　正当腰儿、半冲腰儿、山半坡、山半腰。

沟底　沟底儿。

野外　辽地、野地。

背后　脊娘后、脊梁后。

这边　这厢。

那边　那厢。

啥时候　多早儿晚儿。

明年　过年儿。

黎明　胧葱明儿、胧星明儿。

白天　白儿嘞。

整天　成天。

过去　早先儿、央先儿、以先些。

最后　末糊独儿、老末、末糊尾儿。

一点　一拧拧儿、一拧捏儿、一星星儿。

刚才　才江、江江儿、江农念儿。

几乎　稀呼儿。

马上　赶紧、赶恁、快些儿、快点儿、连莫。

顺便　就手。

谚　语

谷雨前后，种瓜点豆。

枣芽发，种棉花。

头伏萝卜末伏芥。

麦收一张犁，秋收一张锄。

春争日，夏争时，五黄六月争回耧。

小雪不分股，大雪不出土。

秋分早，霜降迟，寒露种麦正当时。

麦盖三层被，枕着油馍睡。

蛤蟆打哇哇，四十五天喝圪垯。

大麦不过小满，小麦不过芒种。

六月立秋早收晚不收，七月立秋早晚都收。

人活一百，箱谷早麦。

好种儿出好苗，好葫芦锯好瓢。

立秋十八天，寸草结籽。

种在犁上，收在锄上。

油多灯旺，肥足苗壮。

人勤地生宝，人懒地长草。

麦收　石保定　摄

收秋　康红文　摄

艺文

LOCAL RECORDS OF SISHUI

诗 赋

登虎牢山赋

［晋］潘岳

辞京辇兮遥迈，将远游兮东夏。
朝发轫兮帝墉，夕结轨兮中野。
凭修坂兮停车，临寒泉兮饮马。
眷故乡之辽隔，思纡轸以郁陶。
步玉趾以升降，凌汜水而登虎牢。
览河洛之二川，眺成平之双皋。
崇岭蟲以崔崒，幽谷豁以孝寥。
路逶迤以迫隘，林廓落以萧条。
尔乃仰荫嘉木，俯藉芳卉。
青烟郁其相望，栋宇懔以鳞萃。
彼登山而临水，因先喆之所哀。
矧去乡而离家，邈长辞而远乖。
望归云以叹息，肠一日而九回。
良劳者之咏事，爰寄言以表怀。

早发成皋望河

［唐］刘孝孙

清晨发岩邑，车马走轘辕。
回瞰黄河上，惝恍屡飞魂。
洪流遵积石，惊浪下龙门。
仙槎不辨处，沈璧想犹存。
远近洲渚出，飒沓凫雁喧。
怀古空延伫，叹逝将何言。

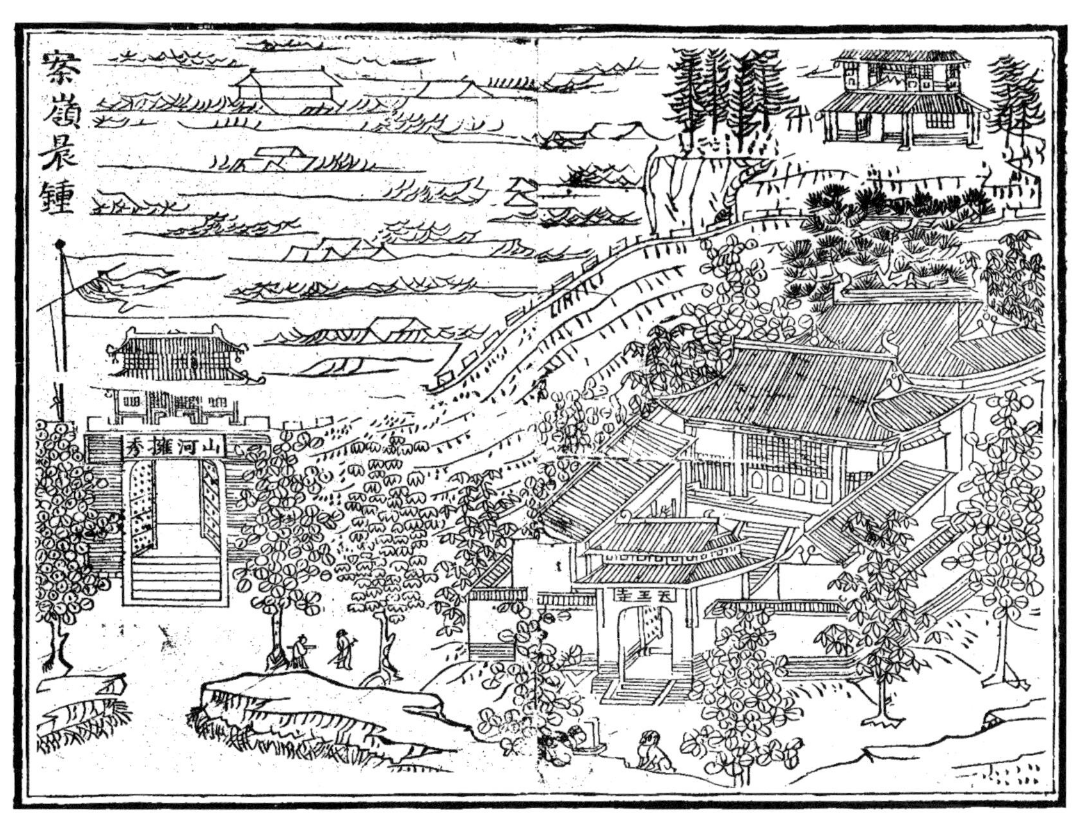

清顺治十五年《汜水县志》汜水十景之案岭晨钟

大唐皇帝等慈寺之碑

[唐]颜师古

若夫有功可大，盛业光于四表；有亲可久，厚德加于万类。救灾拨乱，阐宏威以则天；立爱宣慈，垂至仁而济物。其于司牧黎献，汲引群生；穷高极深，道隆致远。伏以现神通力，摧破波旬之兵，开方便门，消灭尼犍之罪，斯盖法王圣迹，调御善权，不可思议，莫知边际者矣。自随历云季，政纲不纲，海岳沸腾，函夏圮裂，绳枢竞起，白梃称兵，毒卉久敷，妖精昼陨，五山并食，九婴为害，交相吞噬，恣行刳斫，仰吁苍昊，蹋迹靡依，俯坠涂炭，息肩无所。剥极则亨，否终斯泰，用集明命，爰启真人。我大唐皇帝庆发灵图，祚昭宝箓，抚兹归运，拯彼横流，惟神惟几，乃文乃武，聪明时乂，勇智自天，猗欤五材，圣质苞其纯懿；大哉七德，宸鉴测其幽远。至如封胡异说，力牧奇篇，玄女黄石之精微，玉帐绛宫之秘要，莫不裁成睿思，总制深衷，超冠情灵之表，得诸耳目之外。爰兹草昧，自彼参墟，投袂濡足，东征西怨，克翦方命，鲸鲵斯尽，芟夷干纪，邦域底平。扫欃枪于天衢，匪遑宁处；戮猰狂于地表，无思不服。阪泉涿鹿之师，议勤已陋；共工有扈之战，固多惭色。载籍所传，孰可侔其仿佛；言象所寄，安足纪其希夷！武德之初，诸华未缉，谷洛之地，尚阻朝风。念彼王充，偷安假息，悼干戈之日用，怅烽燧之多警。于是亲总元戎，授兹戚钺，建瓴东下，将一车书，北据祟芒，南屯伊阙，云罗既布，指期涤荡。然而贼窦建德，往因多难，夙长乱阶，伪党实繁，凶毒孔炽。妄作玄珪之瑞，窃号夏王；驱扇黑山之旅，擅强河朔。破邑屠城，斩祀杀厉，矫诬上帝，多历年所。又以逞其狙诈，乘彼阽危，即倾许之人徒，收亡随之文物，遂乃凭陵济岱，荐食徐兖，骤胜愈骄，负力作气。惟兹勍寇，同恶相求，暨此役也，实来赴援，溯流而上，奄至荥阳，间使驱驰，潜申约结，将规合势，以抗我师。首足互资，实同夏屋之兽，前后迭至，冀效常山之蛇，妙算所甄，洞其曲折，中权所禀，见可而进。是以引麾北制，移跸东虞。天策频加，神锋累奋。其后酋渠相命，妖孽并臻，凿齿之类为群，窫窳之徒成列，发自板渚，迄于兹地。犷獠争先，陆梁竞出，比角举尾，饮竭洪流，吞石噉沙，聚蔽阳景。皇赫斯怒，爰整六军，飞廉翊衡，丰隆先路。然后置天地之阵，扬日月之旗，震夔鼓以申严，铿虬钟而大号，星流电击，凤矫龙腾，丘峦为之震跳，梗林于是靡拉。陷坚挫猛，刮野扫地，喋血僵尸，填坑满谷，禽兹元恶，未及旋踵，仍执丑虏，会靡孑遗。涣若冰消，灌同鱼烂，氛祲祛除，风云融朗；列代神玺，莫不毕收，前王彝器，此焉总获。既而乘辕西返，蒨旆右临，奋决水之威，乘破竹之势，廓清万里，大定三川，散马华阳，饮至丰镐。岂如汉王力兢，屡见窘于城皋；魏武争雄，久连兵于官渡。及夫海外有截，宇内无虞，执玉帛以临朝，垂衣裳而班治，珍符杂沓，繁祉氤氲，甘雨熏风，时和岁稔。正萧韶之乐，非止咸英，定郊雍之礼，岂唯俎豆！跂行喙息，跖实排虚，迩狭游原，遐阔泳末，攫挚忘嘴距之用，夷狄齐冠带之伦，外户常开，内机不作，寘含灵于仁寿，变品庶于陶甄，思广舟航，无隔幽显。静言官首，或握节以殉忠；追悼行间，有蕴轮而弃野。愍疏属之罪，方滞迷途；念刑天之魂，久沦长夜。以为拔除苦累，必藉胜因，增益善根，实资净土。乃命克敌之处，普建道场。情均彼我，恩洽同异，爰立此寺，俾号“等慈”。境实郑州，县称汜水，班倕□集，矩矱斯备，式构宝坊，树兹灵塔，飞梁虹指，浮柱星悬，层阁峥嵘，修廊黮霸，朝云暂起，华础流津，晓露微沾，夕盘泫溽。茹芦在阪，化为詹葡之林，熠耀宵行，翻映摩尼之彩。傍开奈苑，敷净花而韡华，却带连池，积定水而澄湛。结衣萃止，振锡来仪，戒品齐芳，禅枝并茂。其地则遥瞻太室，夏后之所发祥；近眺襄城，轩辕于是访道；舳舻控引，循金堤以偪侧；冠盖往来，趋玉门而隐轸。势居爽垲，物称衍沃，诚原陆之膏腴，信康庄之都会。岂唯致罚之野，获免汙潴，淫慝所惩，赦其京观？乃令深入缘起，永脱盖缠，普赖法财，同归妙乐。悠悠旷劫，凭慧力而靡偏；亹亹恒沙，譬福聚而无尽。南山之寿，既弥茂于亿年；北极之尊，实牢笼于万代。窃维望云就日，博贯多能，理极寰中，道臻系本，考核篆籀，遍详流略，定儒墨之短长，弃刑名之苛娆。纤微必举，幽赜斯应，不能遁其隐奥，无所潜其肸响。五老变为流星，悬识象纬；八灵符于积雪，曲尽物名。昃食忘劳，昧旦丕显，尚想岩穴，博逮刍荛，俱幸满堂之欢，犹兴纳隍之虑。爰逾祝网，仁兼扇暍，降元览而游艺，观人文以化成，贱齐梁之短篇，鄙苦寒之危调。转规注河之论，听者开神；芝英垂露之书，观者眩目。飞蝯妙术，抑咒神工，制律吕之轻重，知草木之情状。郁哉！焕乎，弗可记已！重明养德，守器光于匕鬯；璇枝乐善，作固列于维城。威仪抑抑，良翰赳赳，文士蕴金锡之姿，武臣表熊罴之状。耕田凿井，虽受赐而无迹；击壤鼓腹，谅日用而不知。百年然后胜残，仲尼之言斯阔，三脊之茅难致，夷吾所志为小。盖夫植操恒久，莫贞乎金石；盛德形容，聿宣于歌颂。末臣庸谀，预奉鸿猷。虽罄短才，未扬休烈。其词曰：

肇自无极，初分太清。二仪定位，四大居贞。
缅求遂古，逖听遐声。质文递变，粹驳殊名。其一。
季叶纷诡，政荒道丧。逐鹿争驱，乘龙有亢。
亟罹不造，时逢无妄。至治莫兴，嘉生靡畅。其二。
滔德既厌，炎运将徂。鸿飞野满，狼入朝芜。
绿林叛换，青犊睢盱。中外板荡，亿兆沦胥。其三。
圣帝膺期，愍彼颠覆。始建天柱，初安地轴。
万难毕夷，群凶尽戮。芒芒率土，俱荷亭育。其四。
寿华衅社，用康国步。阳纡毙慝，实清王度。
牧野非艰，鸣条岂固。势逾箨卷，俯同荥注。其五。
魔众既摧，胜幡斯立。释兹罪垢，俾申幽执。
施以无畏，断其余习。即此戎墟，招提修葺。其六。
云楼赫燡，月殿玲珑。冬延爱日，夏纳清风。
白苹齐叶，丹桂连丛。绮疏瞰回，绣阁凌空。其七。
金绳吐光，宝铃和响。香绕梵音，花飞仙掌。
妙想凝寂，真容焕朗。开士宅心，伊蒲瞻仰。其八。

清顺治十五年《汜水县志》汜水十景之玄武上游

崇岩秀峙，迅流常迈。石城迴瞩，龙池斜界。

左顾敖鄗，右通汜祭。实惟胜境，诞标灵怪。其九。

至人惠利，正觉津梁。偕登万善，普照十方。

深慈广博，冥庆遐长。式光勿替，永播无疆。其十。

通议大夫行秘书少监、轻车都尉、琅邪县开国子颜师古奉敕□。

大唐纪功颂并序

[唐] 李治

若夫元功攸宰，丕业光于帝先；神用斯冲，峻道辉于象外。至于烔诫千祀，昭训百王，则有雕金扬不朽之基，镂玉启无疆之迹。而阪泉师律，旌德之范未章；畤野兵钤，铭徽之典犹阙。乘巢革夏，愳先觉于丹碑；济鲔戡殷，愧生知于翠碣。惟睿之失，其大者欤！自否运辞炎，垫宇之灾梗极；余灵泣素，稽霄之浸滔天。风夏癸以昏初，则忠良既逐；政殷辛之虐往，则邦国斯悴。毂霏黄而雾地，下黕方祇；绳乱赤而雨天，上墋圆象。人怨神怒，语亡之兆遽彰；众叛亲离，规存之谋遂爽。月弓宵而空桂，则蚀屡金波；星箭夕而奔榆，则妖飞玉弩。尘埋五岳，见陵谷之迁移；水竭百川，睹江湖之腾沸。鼎已问于轻重，裂周纲者七雄；德遂寝于休明，绝秦纲者几国。天工是代，紫庭无享眺之宾；神道克恭，元冕乏郊禋之辟。故以邹瀛眇眇，同结向隅之悲；亥迹茫茫，共轸推沟之怨。妖精紊象，宝库延灾。萃绿林者烟霏，屯黑山者雾合。战龙于野，则乱起干戈；飞鸿在陆，则害生戎马。先文皇帝悯黎元之已燎，救焚洪焰之炉；悼品物之将沦，拯溺横流之溢。握宝符于代北，肇建丹旗；剖神珠于汉东，方撝白羽。运五材而杖顺，阴阳未测；悬两耀而龚行，幽明叶契。而武关先入，楚猴之暴未诛；渐台虽覆，蜀龟之声犹振。王充盗移凤扆，诖误伊瀍；窦德假署龙官，虔刘赵魏。同恶相济，共为唇齿。先帝威□有截，思入无方。穷幽测神，研几作圣。薛公三策，明出下科；陈相六奇，悬符上略。亲御姬钺，问罪晋京。墨守屡殚，般攻益赡。凿修□之壤，举覆匮而成山；引曲洛之波，沃滥觞而为沼。飞冲业业，降临负户之危；长隧悠悠，上窥析骸之急。奔鲸之穴，染锷非遥；封豨之林，倒戈斯在。建德驱白波之众，济马颊之津；据青犊之资，践牛口之谷。吞沙石而贾勇，召风雨而成枭，图解郥城之围，规降上党之守。蜂飞万旅，猬起千群，竭汜水之洪流，褫岖山之崇堵。羽书狎至，驲遽交驰，夕照赵烽，晨惊鲁柝。于时谋臣钳口，息其请箸之谈；猛将含牙，弭其穿札之气。或请退师函谷，以避前锋；或请反旆崤陵，以图后举。先帝乃谓诸将曰："本欲先定瀍东，次平河朔，今既远投天网，自取膏原，建德若擒，王充必败。"虢亡虞灭，理有固然；韩并魏从，义无或爽。天实赞我，不可失乎！兵道尚奇，属斯举也！牵裾之议，践幕庭而局影；断鞅之规，望辕门而□息。独决神衷，总排舆诵。留偏裨之将，分拒王城；引趫武之师，移和制邑。荥波远派，遥疏官渡之滨；广武斜临，迥据成皋之险。严闉概日，巨防陵云。寰中逐鹿之郊，宇内□□之地。兴亡之道，楚汉之迹犹存；得丧之途，曹袁之基未泯。以代藩之贵，均士伍之劳；处唐侯之尊，等更徭之膳。越酆需惠，赴白刃以求仁；楚纩衔恩，捐苍璧而取义。乃率数百骑，入其境五十余里，观其部列，摩垒而旋。于是丑类相奔，凶渠竞进，短兵交战，长围亟合。望柘弧而尽殪，类棋布于中原；应萧斧而咸摧，若星罗于平隰。仅而获反，□无一焉。□夫赵主入秦昭之关，事从权免；晋后察王敦之垒，道以诈全。业蹈往辰，功优昔载。自是锋芒遂衄，钲鼓载衰，夺林父之心，破姜维之胆。退归漳滏，恐天讨之乘奔；远□轘辕，惧王师之兼弱。深沟板渚，敛辔车关。数十罪而不惊，示三驱而未款。乃休牛洛汭，暂息桃林之墟；牧马河阳，聊驾襄城之野。樵苏已远，虚月垒以招兵；雉堞不修，偃日羽而延寇。建德深然楚间，不疑秦谍，空峭壁以径前，沈轻舟而直进。先帝勒兵背水，列骑依山，光流阙巩之甲，声振武安之瓦。神规岳镇，未许代御之辞；圣略川凝，无受致师之请。欲战不可，求反无路，肇自霞初，迄于景晏。汤风烂石，溽暑流金，嬴粮不从，壶浆莫继。思仇饷于葛野，想鬬渴于梅林，齐侯绝华泉之游，楚将无谷阳之饮。穷鱼失水，望清汉而摧鳞；暍乌倾巢，仰曾天而折翮。先帝别命旌麾，以乘其背；亲当矢石，以击其心。表里夹攻，远迩同至。始见开行迹雁，分彼阵以弱其锋；终乃合势形蛇，离敌众而孤其力。冀马追风彩桃花而翼路，燕犀夺日辉若枝而镜野。报金愤关陇之气，凌险若夷；浴铁惋熊罴之心，陷坚如朽。应龙画角，百川为之震荡；灵鼍制鼓，九镇所以倾颓。投石蒙轮，霜映雕戈之末；翘关拔距，电流文剑之端。举长彗以布新，卷崩云以祛祲。攻虚匪实，尘靡藉于曳柴，击众以寡，火无劳于结燧。俘虏十余万，斩首三千级，生擒建德，徇于城下。腼颜流汗，曾无解扬之言；怀德畏威，翻有蒯通之说。然后操袂□□，伏锧旗亭，脐燃董卓之膏，头饮智瑶之器；王充牵羊请服，刑马求盟。开定鼎之郊，献测圭之邑。义贞白水，信缛丹书。赦其缧楪之辜，宥其挺埴之命。情安共主，忘鲠气于田横；怨切周天，忍终凶于魏豹。于时沴卷东浸，镜万里而河清；妖敛西氛，阵千重而云散。昔高宗鬼方致伐，远克三年；周武牧野陈师，尚劳再驾。未有胸吞宇宙，掌握乾坤，正西北之倾天，轴东南之毁地。英谋一振，功成晷刻之间；勍敌双擒，业茂须史之顷。故能基大宝于王业，锡祉元圭；扫元凶于天步，臻祥绿错。国八纮而绩禹，功迈叙伦；家六合而心勋，德超则大。牺皇语圣，既桀往而尧今；农帝方神，遂昏前而□□。奇谋冲秘，非假书于黄石；雄断纵横，讵窥符于元女。近以五载巡初，省方伊洛；九冬狩晚，讲戎许郑。举鸾旗而遐指，飞翠盖以长驱。垣垒肃而未迁，山川俨而无改。徘徊丹浦，事求闻礼之辰；顾步青丘，情异抚军之日。波瞻旧溆，水变沈沙之奇；堞望前墉，城余拔帜之所。是以餐哀霜露，攀日月而不追；茹痛风枝，怀天地而莫报。金墀在御，方九仞以悲深；玉案升珍，拟万钟而□切。麟图□范，义百楹书；凤篆留规，道千裘冶。虔守天位，忧辍峻于洪基；肃奉帝猷，诫亏光于宝祚。属辞抽思，实无觊于扬名；相质披文，庶有裨于纪德。乃为颂曰：

乾纲肇绝，神鼎初飞。妖凌三季，兵缠九围。

元功孰纂，神器无归。瞻乌逐变，即鹿乘机。

穆穆圣祖，桓桓神武。电击河汾，云飞京宇。

克清龙战，载安鳌柱。礼叶禋宗，乐谐率舞。
漳滨猬起，洛讷鸱张。荐惊权□，亟犯封疆。
裂冠称帝，犯跸图王。岂知吴灭，未辩虞亡。
睿后生知，谋绝群彦。云朋西伐，霜戈东战。
元恶悬首，凶渠革面。一纵□擒，义多昔卞。
冰销日域，雾敛星区。龙庭受吏，凤穴来苏。
虔奉天禄，恭膺帝图。陶甄太素，亭育尊卢。
启光夏政，诵恢周道。滥以菲躬，聿承大宝。
宅伻宇宙，业均牺昊。岂□英明，实资衡保。
载省王风，顺驱月驷。津由漂卤，途经绝辔。
思动则天，慕缠因地。敬爱攸属，明发奚洎。
寒移暑谢，律变星回。阵云先灭，月垒犹开。
毁垣残柳，塞井荒苔。水侵□石，燧掩飞灰。

清顺治十五年《汜水县志》汜水十景之竹林活水

泗水词班，济阳纪蔡。式传经略，敢竭虚昧。

坤纽方舆，干张圆盖。腾实万古，飞英百代。

虎牢铭并序

[唐]贾至

天地定位，山川据其极；王侯设险，虎牢拥其要。扼之以五岳，维嵩崒焉；迫之以四渎，洪河突焉。宜其咽喉九州，阃阈中夏，赞经纶之攻拒，却欃枪之陵暴。若乃金火代变，山河分裂，胁从力争。议散约结，时则汉祖守之以临山东，坐清三齐，强楚踯躅而不进。隋氏失驭，中原板荡，封豕荐食，龙战元黄。时则太宗据之以拒河朔，克擒丑夏，伪郑祖缚而请命。于戏！自周室微弱，虎狼并吞，盛衰千祀，正闰更王，而政和民安，一统长久。汉氏昭于前载，我唐光于兹日，其创业之主。戡难定功，咸在斯地。意者天开险固为霸王之器乎？圣作功业，知窅冥之意乎？不然，何元期时事，影响之若此也。又闻诸《郑志》曰："制，岩邑也，虢叔死焉。"而唐汉绍兴，得非山灵河神，正直是辅。乃知英雄者不独恃险，而颠沛者在于凉德欤！天宝七载，至自宋都，西经洛阳，歇鞍登兹，怀古钦望。览山河之壮丽，想威灵而咫尺，慨然有怀。敢献铭曰：

邈矣维嵩，峻极于天。磅礴崔嵬，北临洪川。

岳渎会险，蹙圻封泉。实开虎牢，作固伊瀍。

维兹虎牢，天设巨防。攻在坤下，拒在离旁。

昏恃以灭，圣凭而王。峥嵘豁呀，孟门相向。

伊昔汉祖，戡秦统周。勍敌相及，此焉淹留。

终夷海表，遂割鸿沟。乘衅而东，奄有九州。

隋氏败绩，黎人艰阻。帝命太宗，陈师鞠旅。

铁骑儦儦，云旗容与。擒夏克郑，在此一举。

日月永清，昆虫得所。岁在戊子，西经登兹。

祇圣肃然，悯亡凄其。虢叔反道，复隍熸师。

项氏烹苛，莫能守之。险易同涂，成败异时。

德不在鼎，王孙布词。三苗不循，魏武忸怩。

逆失顺获，古今同期。申凿勒铭，庶警将来。

寒食汜上作

［唐］王维

广武城边逢暮春，汶阳归客泪沾巾。
落花寂寂啼山鸟，杨柳青青渡水人。

奉和圣制行次成皋途经先圣擒建德之所感而成诗应制

［唐］苏颋

汉东不执象，河朔方斗龙。
夏灭渐宁乱，唐兴终奋庸。
皇威正赫赫，兵气何匈匈。
用武三川震，归淳六代醲。

清顺治十五年《汜水县志》汜水十景之塔观游云

成皋睹王业，天下致人雍。

即此巡于岱，曾孙受命封。

奉和圣制次成皋先圣擒建德之所

[唐]张九龄

天命诚有集，王业初惟艰。

翦商自文祖，夷项在兹山。

地识斩蛇处，河临饮马间。

威加昔运往，泽流今圣还。

尊祖颂先烈，赓歌安用攀。

绍成即我后，封岱出天关。

清顺治十五年《汜水县志》汜水十景之玉门古渡

送郑堪归东京汜水别业得闲字

[唐] 岑参

客舍见春草，忽闻思旧山。
看君灞陵去，匹马成皋还。
对酒风与雪，向家河复关。
因悲宦游子，终岁无时闲。

武牢关

[唐] 罗隐

楚人曾此限封疆，不见清阴六里长。
一壑暮声何怨望，数峰秋势自颠狂。

清顺治十五年《汜水县志》汜水十景之野寺穹碑

由来四皓须神伏，大抵秦皇谩气强。
欲学鸡鸣试关吏，太平时节懒思量。

登广武古战场怀古

[唐]李白

秦鹿奔野草，逐之若飞蓬。
项王气盖世，紫电明双瞳。
呼吸八千人，横行起江东。
赤精斩白帝，叱咤入关中。
两龙不并跃，五纬与天同。
楚灭无英图，汉兴有成功。
按剑清八极，归酣歌大风。
伊昔临广武，连兵决雌雄。
分我一杯羹，太皇乃汝翁。
战争有古迹，壁垒颓层穹。
猛虎啸洞壑，饥鹰鸣秋空。
翔云列晓阵，杀气赫长虹。
拨乱属豪圣，俗儒安可通。
沉湎呼竖子，狂言非至公。
抚掌黄河曲，嗤嗤阮嗣宗。

雪中过虎牢

[金] 李泌

萧萧行李戛弓刀，踏雪行人过虎牢。
广武山川哀阮籍，黄河襟带控成皋。
身经戎马心愈壮，天入风霜气更豪。
横槊赋诗男子事，征西谁为谢诸曹。

清顺治十五年《汜水县志》汜水十景之方山霁雪

战武牢

[唐] 柳宗元

战武牢，动河朔。

逆之助，图犄角。

怒鷇麛，抗乔岳。

翘萌芽，傲霜雹。

王谋内定，申掌握。

铺施芟夷，二主缚。

惮华戎，廓封略。

命之瞢，卑以斮。

归有德，唯先觉。

清顺治十五年《汜水县志》汜水十景之崤关夜柝

宿虎牢关

[唐]张祜

行人候晓久裴徊，不待鸡鸣未得开。
堪羡寒溪自无事，潺潺一夜宿关来。

寄杜子

[唐]杜牧

武牢关吏应相笑，个里年年往复来。
若问使君何处去，为言相忆首长回。

成皋铭

[唐]吕温

芒芒大野，万邦错峙。
惟正守国，设险于此。
呀谷成堑，崇颠若累。
势轶赤霄，气吞千里。
洪河在下，太室傍倚。
岗盘岭蹙，虎伏龙起。
锁天中区，控地四鄙。
出必由户，入皆同轨。
拒昏纳明，闭乱开理。
昔在秦亡，雷雨晦冥。

清顺治十五年《汜水县志》汜水十景之玉清仙境

刘项分险，扼喉而争。
汉飞镐京，羽斩东城。
德有厚薄，此山无情。
惟唐初兴，时未大同。
王于东征，烈火顺风。
乘高建瓴，擒建系充。
奄有天下，斯焉定功。
二百年间，大朴既还。
周道如砥，成皋不关。
顺至则平，逆来惟难。
敢迹成败，勒铭巉颜。

虎牢关

[宋]司马光

天险限西东，难名造化功。
路邀三晋会，势压两河雄。
除雪沾枯草，惊飙卷断蓬。
徒观争战处，今古索然空。

书汜水关寺壁

[宋]王安石

汜水鸿沟楚汉间，跳兵走马百重山。
如何咫尺商于地，便有园公绮季闲。

水调歌头·汜水故城登眺

[金]元好问

牛羊散平楚，落日汉家营。龙拿虎掷何处？野蔓罥荒城。遥想朱旗回指，万里风雨奔走，惨淡五年兵。天地入鞭箠，毛发凛威灵。　　一千年，成皋路，几人经？长河浩浩东注，不尽古今情。谁谓麻池小竖，偶解东门长啸，取次论韩彭。慷慨一樽酒，胸次若为平。

虎牢关二首

[元]王沂

孤云雨角如画布，中有长天悬匹素。
关头一上眼豁开，汉殿秦宫皆可数。
太行之青遗瑰小，下视黄流一丝袅。
乾坤胜概无古今，一笑英雄如过鸟。
长谣我欲问真宰，世事茫茫几成败。
君不见，三分书里说虎牢，曾使战骨如山高。
双崖突兀引羊肠，仰望遥空疋素长。
今古太行青历历，乾坤元气白茫茫。
英雄底用争天际，真宰那如阙后防。
回首三分书里事，区区缚虎笑刘郎。

成皋形胜

[明]于谦

清汜垂虹贯浊流，崤关虎踞瞰中州。
山河不尽登临兴，两袖春风独倚楼。

清顺治十五年《汜水县志》汜水十景之柏庙晴烟

重过虎牢

[清] 王铎

浊浪滔天隔太行，荥阳割据势分张。
并吞三国谁归汉，犹见寒雕泣战场。

成皋道中

[清] 王铎

避地戎兵力不胜，愁看广武路峻增。
频嘶匹马空山草，落日寒鸦泣宋陵。

虎牢关谒三义庙

[清]李攀龙

汉业偏安四十秋，于今庙貌壮中州。
曹瞒用尽图王策，万古人心只重刘。

登广武山

[清]沈荃

晴秋振屐层峰上，壁垒风云万里开。
山合崤函争北向，河连汾沁却东来。
寒沙白碛埋遗镞，衰草青磷长废苔。
帝业霸图俱泯灭，阮公千载有余哀。

七夕雨抵汜水县

[清]王士祯

玉门残垒外，云是古成皋。
浊浪喧牛口，雄关逼虎牢。
青山空楚汉，白骨尚蓬蒿。
七夕风兼雨，悲歌抚孟劳。

虎牢关

[清]袁枚

缅乎春秋时，宋郑所依傍。
洎乎楚汉间，成皋一巨障。
雄图一瞬空，地险千山壮。
郁郁怀古心，浩歌寄惆怅。

虎 牢

[清]魏源

山尽黄河抱，前横斗大城。
鼍防千浪啮，虎扼一夫争。
百战寒云阵，中宵万马声。
休同广武叹，久偃北邙兵。

虎 牢

[清]俞樾

岩邑曾传郑虎牢，驱车过此亦堪豪。
雨晴白日云犹黑，风小黄河浪自高。
一线奔流来砥柱，千盘隘道出成皋。
山川形胜今犹昔，惭愧书生拥节旄。

名人与名镇

LOCAL RECORDS OF SISHUI

慧　可

慧可（487—593 年），俗姓姬，名光，今汜水镇虎牢关村人。自幼志气不群，博涉诗书，后览佛书，超然自得。出家受具于洛阳永穆寺，遍学大小乘义。闻禅宗达摩祖师寓止少林，乃往彼晨夕参承，得法传衣。东魏时，至邺都传教三十四载。隋开皇十三年（593 年），卒。

慧可故里　王红斌　摄

屈伯彦

屈伯彦，汜水镇西邢村人。汉代大儒、教育家。他生活在东汉末年，时逢“党锢之祸”。当时宦官专权，社会动荡。一些官僚与太学生联合起来，议论朝政，对宦官集团进行猛烈抨击。屈伯彦在社会动乱之际，栖居山林筑台讲学，传经授徒，以育兴国济世之栋梁。他以甘受贫寂而闻名于世。时人尊称屈伯彦为屈子，并把他筑坛讲学的涧沟称为屈子村，后称屈村。

屈伯彦故里　陈重孚　摄

禹好善

禹好善（1582—1656年），字存诚，号海善，汜水东街人。明万历十年（1582年）生，自幼聪慧异常，每试多为头名。万历四十年壬子科举人，天启二年（1622年）壬戌科头榜进士，出任河间府推官，屡决疑案。后为武昌府推官。

崇祯五年（1632年），考授山东道监察御史，对国家大事多有奏闻，多被皇上采纳。当时，漕运困难，无人充理，经人推荐，好善单骑上任，督运漕粮，昼夜操劳，较往年提前两月运到，皇上加俸一级。后升任巡抚，又巡按北直隶，并督修皇陵工程。竣工后，掌京畿道巡七省漕粮。汜水人称禹巡漕。

崇祯十三年（1640年），辞朝归里。家居期间，适逢汜水连遭旱灾，民饥无食。好善上疏皇上《请停征发赈疏》，招抚灾民，民困少解。清顺治十三年（1656年），卒于家，年75岁，葬于密县南百栗沟父墓之左。康熙三年（1664年）祀乡贤。

高振西

高振西（1907—1993年），汜水镇南屯村人，生于清光绪三十三年（1907年）。民国20年（1931年），毕业于国立北京大学地质系，留校任助教。

民国二十六年调到实业部地质调查所，历任调查员、技士、技正等职。后曾被借调到福建省地质土壤调查所，为技正兼地质科长。

1950年，分配到中国地质工作计划指导委员会，筹建地质陈列馆。高振西悉心努力，陈列馆建成后，任馆长、总工程师。对中国地质学会也热情推动，促其发展，历任学会编辑、候补理事、常务理事等职。

五十多年来，高振西对地质教学和调查、研究、地质普查等工作做出不少贡献。在南京、广西、福建、湖北、浙江等地，对区域地质、矿产资源做过大面积实地考察。他对我国前寒武纪地层的研究，建立华北“震旦系”标准剖面的论证，为中外地质学界所公认。在地质矿产方面，对广西煤矿和金矿，福建二叠纪、白垩纪地层及海岸地质，湖北麻土坡煤系，浙江金华、武义一带萤石矿的规律等，都提出了独创性的见解。1980年，被选为中国科学院学部委员，全国政协第五、六届委员。

烈士名录

姓名	性别	出生年月	籍贯	参加革命年月	牺牲年月	牺牲地点	牺牲所在单位	职务	备注
贾铁锤	男		汜水镇寥峪村		1948	淮海战役	十五军四十三师一二七团警卫连	战士	
张老柱	男		汜水镇老君堂村	1949.2	1950.7	云南省巧家县	四十三师一二七团二营六连	战士	
张海川	男	1931.3	汜水镇南屯村	1950.12	1952.10	朝鲜战场	志愿军六十四军后勤部	班长	
薛金合	男	1926	汜水镇周沟村	1949	1949.4	荥阳县汜水	成皋县大队	战士	1957年追认
赵立中	男		汜水镇赵村				西北野战军三纵三五九旅	战士	1947年于甘肃省河水失踪，1955年追认
时文林	男	1921.4	汜水镇赵村	1937.3			六十二军一八四师五五〇团二营四连	班长	1949. 4于山西太原失踪，1957年追认
李春来	男		汜水镇寥峪村	1948.11				战士	于安东失踪，1957年追认
张玉山	男	1929	汜水镇口子村	1950.2	1951.5	朝鲜五次战役	志愿军一七九师五三六团八连	战士	
张华强	男	1909	汜水镇西邢村	1935.5	1946		荥汜县抗日民主政府第三区	区长	1955年追认
赵麦忙	男	1934	汜水镇西邢村	1948.9	1953.1	朝鲜战场	志愿军炮兵十二军四〇六团六连	战士	
任满长	男	1948.5	汜水镇滹沱村	1968.3	1969.8	山西省	八三〇〇部队	战士	
禹生才	男		汜水镇虎牢关村	1949			四十一军三六二团		1955年追认
程长福	男	1951	汜水镇寥峪村	1971.1	9171.4	四川省达县	五八七〇部队	战士	
李守仁	男	1920.4	汜水镇赵村	1949.1			十八兵团六十一军一八一师五四一团三营	战士	1949年于三台战役中失踪，1961年追认
周改名	男	1930	汜水镇虎牢关村	1949.12	1951	朝鲜五次战役	志愿军三十四师一〇六团一营一连	战士	
牛民生	男	1930	汜水镇西邢村	1949			志愿军十五军	战士	1950年于朝鲜失踪，1961年追认

续表

姓名	性别	出生年月	籍贯	参加革命年月	牺牲年月	牺牲地点	牺牲所在单位	职务	备注
柴金水	南	1924.12	汜水镇十里堡村	1948.8			十五军四三一师一二七团三营六连	战士	1955 年追认
周玉卿	男	1923	汜水镇东河南村	1949.1	1949.5	江西省德兴县	二十七团八连	战士	
禹璋	男		汜水镇滹沱村	1945.7	1949.6	陕西省平利县	一七〇团五连	副指导员	
吴旦	男		汜水镇口子村	1948			四十三师一二七团	战士	1949 年于云南省巧家县失踪，1955 年追认
赵金山	男	1953.4	汜水镇赵村	1971.7	1974.8	河北省隆化县	五八七〇部队	战士	

大事记

LOCAL RECORDS OF SISHUI

汜水火车站旧址 石保定 摄

1907 年，汜水火车站建成。

1948 年 4 月，汜水解放，属荥汜广县辖。

1948 年 10 月，荥汜广县撤销，成皋县成立。

1951 年 11 月，成皋县人民政府迁汜水镇。

1953 年 1 月，成皋县第二区（古荥区）划属郑州市，第七区改称第二区。

1954 年 6 月，现汜水镇辖区划入荥阳县，为荥阳县第十区。

1955 年 11 月，撤区并乡，成立汜水中心乡。

1956 年 8 月，汜水中心乡改称汜水乡。

1958 年，汜水乡撤销，成立汜水人民公社。

1958 年，汜水人民公社卫生所建成。

1959 年 1 月，白杨、汜水两人民公社合并成立汜水管理区。

1959 年 5 月，汜水管理区撤销，恢复汜水人民公社。

1961 年 5 月，汜水人民公社撤销，恢复汜水管理区。

1963 年 2 月，汜水管理区撤销，所辖划为王村、汜水 2 个人民公社。

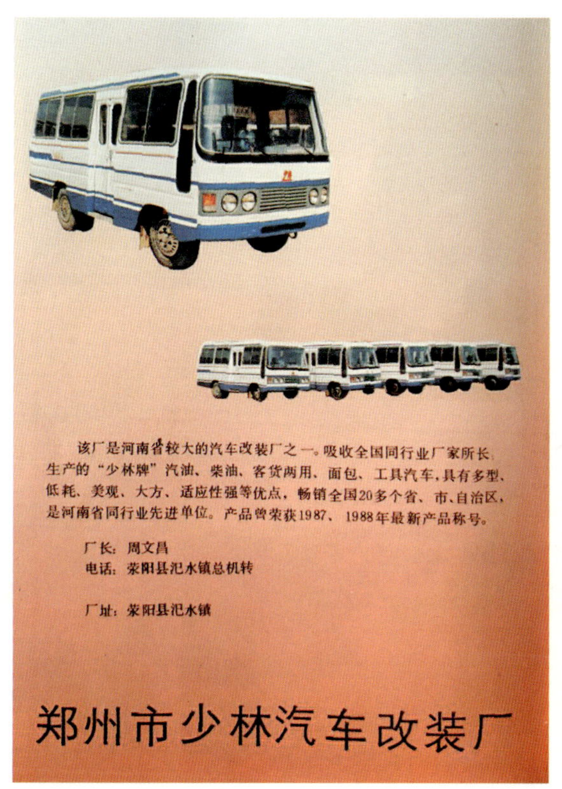

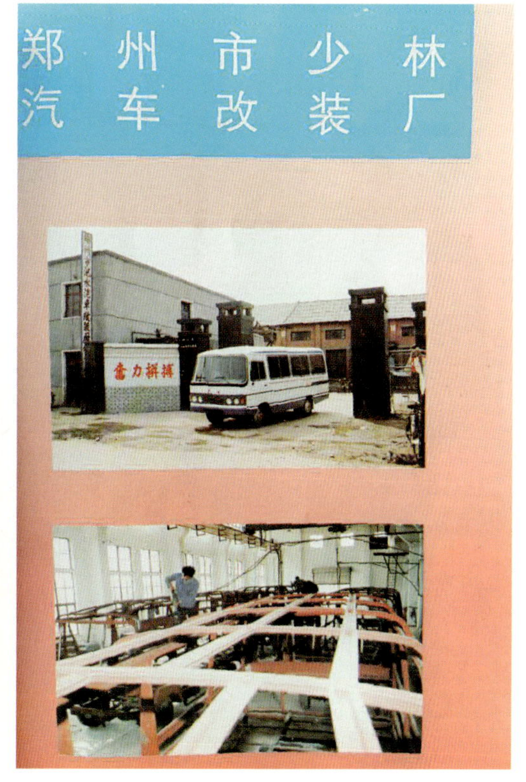

《郑州年鉴（1988）》：郑州市少林汽车改装厂

1968 年，汜水人民公社管委会撤销，成立汜水人民公社革命委员会。

1972 年，黄河修造厂建成投产。

1981 年 2 月，汜水人民公社革命委员会撤销，恢复汜水人民公社管委会。

1983 年，郑州市少林汽车改装厂建成投产。

1983 年 6 月，人民公社改乡建置，汜水人民公社管委会撤销，成立汜水乡人民政府。

1984 年，荥阳县汜水镇精细化工厂建成投产。

1993 年，河南康泰药业集团公司建成投产。

1994 年，撤乡建镇，成立汜水镇人民政府。

《郑州年鉴（1988）》：荥阳县汜水精细化工厂

2016年沿黄快速通道通车　马健　摄

1999 年 8 月，汜水镇中心小学建成。

2003 年 6 月，汜水镇实施“村村通公交”工程，15 辆公交车投入运营。

2008 年 8 月，汜水镇初级中学成立。

2015 年 4 月，虎牢关村拆迁项目启动。

2016 年 2 月，沿黄快速通道实现通车。

2017 年，汜水镇实施汜水河二期治理工程。

2018 年 1 月，虎牢关村安置房建设项目滨河尚城社区一期竣工。

2019 年 4 月，荥阳市首届海棠花节在汜水镇举办。

2019 年 9 月，汜水镇文化中心项目建成投入使用。

2020 年 1 月，荥阳市滑雪节在汜水镇举办。

2020 年 4 月，汜水镇被评为“荥阳市文明乡镇”。

2020 年 9 月，“黄河岸边丰收歌——艺术家走进荥阳美丽乡村”活动在汜水镇举办。

2020 年，汜水镇南屯村被中共荥阳市委评为“五星支部”，成为荥阳市两个五星支部之一。

汜水河 陈重孚 摄

荥阳市首届海棠花节　王志鹏　摄

荥阳市首届海棠花节　王志鹏　摄

荥阳市滑雪节 石保定 摄

黄河岸边丰收歌——艺术家走进荥阳美丽乡村活动　宋建峰　摄

口述史

LOCAL RECORDS OF SISHUI

宇明公司和南屯村共同成长

口述：张志强

整理：李林轩

我叫张志强，2007 年担任宇明公司董事长、2016 年担任南屯村党支部书记至今。

作为南屯村的党支部书记，我始终坚持团结带领干群聚焦党建引领的工作主基调，按照基层党建示范点的标准，将 1600 平方米的村委大院打造成流动党员工作室、党员活动室、便民服务中心等 15 个党员活动和便民服务场所，围绕村委打造党建街区、党建广场、近百米的长征文化长廊等红色阵地，建成“讲黄河故事，走新时代长征之路”为主题的黄河

宇明阀门集团有限公司　王红斌　摄

党建苑。同时，发挥基层党组织战斗堡垒作用，积极开展“不忘初心 牢记使命”主题教育、党员戴徽章、亮身份及志愿服务等活动。2016 年 6 月和 2018 年 6 月均被中共郑州市委评为先进基层党组织，2020 年 7 月被中共荥阳市委员会评为先进基层党组织。南屯村党建氛围愈加浓厚，干群凝聚力越来越强，为加快推进乡村振兴提供了有力保障。

2018 年以来，南屯村围绕村级组织、乡村治理、产业发展、人居环境、生活幸福五大工程，全力推进乡村振兴。成功申报了郑州市美丽乡村、省级森林乡村项目。先后筹资2300多万元，以饮马沟项目为载体、按照景区标准规划建设南屯村，建设红色党建团建拓展、特色民宿体验、历史文化等 12 个区块，打造沟域型休闲旅游项目，壮大村级集体经济，有力推动了一、二、三产业融合发展。

作为宇明公司董事长，我从 1989 年在宇明公司任职销售员开始，就梦想把宇明公司做大做强。深知科技创新对于一个企业发展的重要性，不能只看眼前的投资，应该把目光放长远。2010年，我带领团队赴浙江温州阀门产业集聚地开设分公司，根据市场研发新产品，通过自主创新和科研开发，抢占高新技术新领域。“宇明”品牌迅速打响，国内产品代理

成皋古道 王红斌 摄

商 186 家，产品远销欧美和东南亚等地区。这十年也是公司快速成长的十年。我们每年投入数十万元用于技术研发。宇明阀门先后通过国际质量管理体系认证 3 项，获得“中国驰名商标”等荣誉称号 8 项；荣获阀门国家标准制修订单位，填补国家空白 3 项，国家专利 9 项。2013 年 10 月，宇明公司参与起草、制订的《低温介质用弹簧直接载荷式安全阀》国家标准开始实施。本标准为国内首次编制，填补了国家标准的空白。

1972 年，宇明公司的前身黄河修造厂在南屯创建，宇明公司每一步的发展壮大都离不开村民的帮助与支持，南屯村的大部分村民都是宇明的员工，可谓鱼水情深。为让群众共享发展成果，南屯村民粮食种收、吃水费用全免；公司出资加宽、绿化村内道路，安装太阳能路灯；投资 5 万多元购买安装健身器材等。宇明公司努力承担社会责任，每年拿出 60 万元，完善村里的基础设施；汶川、玉树地震，向灾区捐款 10 余万元；先后向荥阳慈善机构、汜水镇捐款 10 余万元，用于助学、资助困难党员、群众等。

自强不息无臂羊倌

口述：曹建新

整理：范　丽

我叫曹建新，新沟村二组村民，1973 年出生，今年 47 岁。在我 3 岁那年，因为外出玩耍不慎被高压电击中失去了双臂，为给我治病家里先后花了 700 多块钱，这在当时对家里来说算是一笔巨款，因此欠了不少债，生活极其困难。为了生活，父亲出去干泥瓦工，母亲除了忙农活以外，还出去做些零工来补贴家用。为了不给家人带来更多负担，经过艰苦锻炼，我学会了独立生活，还能干些农活。虽然身有残疾，但我坚信我跟正常人是一样的，别人能干的我也能干，甚至能干得更好。在我的要求下父母买了两只羊羔让我喂养。我在放羊的过程中不断总结方法，试着给领头羊编上号，然后训练它们听指令，这样，只要管好这几只领头羊就行了，整个羊群都会听指挥。

2006 年，由于生活困难，我被纳入低保救助范围。党委政府在生活上给予我很大帮助，再加上卖羊的钱，慢慢的生活也就不再像以前那么困难了。

2014 年以后，借助扶贫政策，我的羊群规模不断扩大，到 2017 年超过了 100 只。生活慢慢好起来了，我向镇里申请退出低保。大家都很惊讶：别人吃低保吃不上，你还退。第一次申请，镇上劝我再考虑考虑，没有退成。但是，我觉得多年以来，在党委政府帮扶下，生活已经能够维持，还有更困难的贫困户需要国家政策支持。在我一再坚持下，2017年10月，镇里给我办了退保手续。

2018年12月，我加入中国共产党，成为一名光荣的共产党员。2019年8月，我成立了养殖合作社，让有意愿的贫困户加入进来，跟我一起养羊，帮他们卖羊，为他们增加一些收入。

现在，加入合作社的农户有8户，养羊大约四五百只。看到那些我帮助的贫困户生活好起来，走出贫困，我由衷的高兴。我想通过亲身经历告诉大家，在党和政府的好政策下，自强不息、敢于拼搏、不断学习，一定能获得自己想要的生活。

“红领巾”救火车的故事

口述：程春生　褚凌云

整理：范　丽

我叫程春生，今年80岁；我叫褚凌云，今年78岁，都是滹沱村人。小时候听村里老一辈的人讲，老汜水火车站建于清光绪年间，是汴洛铁路上重要的客货联运站，当时不论炎暑寒冬，只要火车一进站，铁路两边的叫卖声此起彼伏，人潮涌动，热闹非凡。好多家为河北晋南铁货药材等大宗货物提供装卸运输服务的货栈都集中于此。

1953年12月5日，下了很大的雪，差不多有一尺厚。大概早上7点多，我们和周金秀、许小雪、张耀先五人，沿铁路走在上学的路上，突然发现一截铁轨掉落在地上，再往前走，发现铁轨缺失了一小段，把刚才那段掉落的铁轨往里一放，正好填补进去。我们马上意识到铁轨坏了，千万不能过火车了。

凛冽的寒风让我们冷静下来，并立即采取措施，一人跑向学校报告情况，其余四人兵分两路，两个人留下看守断轨，看西边是否有火车来，另一路向东观察是否有火车驶来。就在此时东边传来了火车鸣笛声，一列火车自东向西飞驰而来！情况万分紧急。我们突然想到平时铁路上的人说过“红旗站，绿旗慢”，于是大家立刻解下脖子上的红领巾，挥动着迎向火车开来的方向，同时竭尽全力向着火车大喊：“站住！站住！”

幸运的是，火车司机发现了我们。司机马上紧急制动刹车，火车在距离断轨大约5米的地方停了下来。车上的军人纷纷出来看发生了什么情况。

我们看火车安全了，就上学去了。

后来，解放军战士、火车所属开封车站的工作人员、老百姓都来到了现场，道轨在多方努力下立即进行了修复，陇海铁路大动脉又流动了起来。

因为救了火车，避免了一场巨大的安全事故，这件事情在当时引起了很大轰动，大家称之“红领巾”救火车。我们经常受邀到周边高中讲述救火车的事迹，滹沱村小学挂满了表扬的锦旗。1954年，滹沱高级社下属的6个合作社，经上级批准，还被命名为红领巾一社、二社、三社、四社、五社、六社，这样的命名在全国仅此一例。当时苏联《真理报》派出记者来采访，还邀请我们到苏联参观，参加红领巾夏令营，因为当时年龄较小，没有成行。

现在这个铁路依然是交通要道，这件事也已经过去几十年了，我们已经从少年变成了老人。每每想起这件事情，内心还是非常骄傲和自豪。

红领巾救火车之一 张松峰 供图

红领巾救火车之二 张松峰 供图

汜水镇教育事业的发展变化

口述：禹桐生

整理：李林轩

我叫禹桐生，今年 85 岁，1998 年在荥阳市汜水镇周沟小学退休。

中华人民共和国成立 70 年来，汜水镇的教育事业发生了翻天覆地的变化。20 世纪 50 年代，学生在庙宇里上课，坐的是木板子，长板两头支起来当课桌。那时候村里只有村小，有一至四年级 4 个班，几个村为一个学区，每个学区只有一所完小。到 70 年代，汜水公社 14 个大队，每个大队都设立了完小，还成立了一个初中班。随后初中合并，全乡有 4 所初中，1 所高中。各大队逐步改善办学条件，中心小学盖了新教学大楼，学生在窗明几净的教室里上课；周沟小学将陈旧的教学楼翻新，添置桌子、凳子和教学仪器，校园实现绿化和硬化，教学环境焕然一新，成为当时起步较早的样板小学，南屯小学盖起了教学楼。

20 世纪 80 年代初，各村相继办起了学前班，南屯小学学前班全县闻名，校长被评为省级优秀教师。80 年代后期，由于生源减少，中小学开始合并，全乡只留下一所中学和一所中心小学，而后成立了汜水镇中心幼儿园。现在的中学和小学教学仪器齐全，学生吃住在校。汜水镇的教师爱岗敬业，东河南初中考入荥阳市重点高中的总人数名列前茅，成为汜水镇的骄傲。

参考文献

[1] 郑州市地方史志办公室 . 郑州市历史地图集 . 北京：中国水利水电出版社，2019.

[2] [明] 萧珮，陈万言 . 嘉靖汜水县志 . 扬州：广陵书社，2014.

[3] 荥阳县志编纂委员会总编辑室 . 重修汜水县志（民国十七年），1990.

[4] 荥阳市志编纂委员会 . 荥阳市志 . 北京：新华出版社，1996.

[5] 荥阳市地方志编纂委员会 . 荥阳市志 . 郑州：中州古籍出版社，2017.

[6] 荥阳文物志编纂委员会 . 荥阳文物志 . 郑州：中州古籍出版社，2011.

黄河风光之一　石保定　摄

黄河风光之二　石保定　摄

黄河风光之三　石保定　摄

黄河风光之四　石保定　摄

编纂始末

根据中国地方志指导小组办公室《关于启动〈中国名镇志丛书〉编纂工程的通知》和《中国名镇志文化工程实施方案》部署，开发利用地方志文化资源，传承乡土历史文化，保存乡土文化记忆，充分发挥地方志“资政、教化、存史”功能，按照郑州市地方史志办公室的工作安排，《汜水镇志》编纂工作于2020年5月启动，成立了《汜水镇志》编纂委员会，组建了编纂团队，全面展开前期采写工作。

《汜水镇志》编纂之始，编纂团队就立足于展现汜水厚重历史和文化内涵，统合古今，详今略古，对中华人民共和国成立以后，特别是中共十一届三中全会以来所发生的重要史实进行重点记述，深入挖掘汜水历史文化资源、锐意进取的发展历程、改革创新的人文精神。

《汜水镇志》从镇情特点出发，突出镇域特色和重要史实，在篇目设置上力图有所创新，在语言上努力追求朴实、严谨、简洁、流畅，增强可读性。

编写《汜水镇志》是当代汜水人民政治、文化生活中的一件大事。汜水镇党委、政府高度重视编纂工作，镇党委书记赵红星、镇长李春梅多次对镇志编写提出要求，审核提纲。人大主席闫瑾、武装部长高邢康多次召开例会，协调各领域、各部门、各村，合力支持镇志编写工作，镇属各部门及相关单位积极提供资料。郑州市史志办领导多次现场指导编纂工作，提出了宝贵意见；原荥阳市文物中心主任陈万卿老师不辞劳苦，亲自对历史文化部分逐字修改；荥阳市史志办主任吴边全程指导协调编纂工作；荥阳市作家协会副主席兼秘书长李豫州为志稿提出了宝贵修改意见；《郑州日报》、荥阳市摄影家协会提供了大量图片资料。在此，谨向为本书付出辛勤劳动的所有人士致以衷心的感谢！

因本书中所选照片及文章众多，部分作品未能在出版前及时联系到著作权人，请著作权人看到后与我们联系，我们将及时奉上稿酬。

镇志编纂工作，时间仓促，资料分散，加之理论水平有限，才疏学浅，虽潜心编纂，数易其稿，其错误和遗漏的地方在所难免，敬请社会各界和专家学者批评指正。

《汜水镇志》编纂委员会

2020 年 10 月